# 60个妙招

## 帮你培养孩子的责任心

柴一兵 —— 编著

北京工业大学出版社

图书在版编目（CIP）数据

60个妙招帮你培养孩子的责任心 / 柴一兵编著. —
北京：北京工业大学出版社，2015.1（2021.9重印）
ISBN 978-7-5639-4167-4

Ⅰ.①6… Ⅱ.①柴… Ⅲ.①责任感－能力培养－儿
童教育－家庭教育 Ⅳ.①G78

中国版本图书馆CIP数据核字(2014)第299455号

## 60个妙招帮你培养孩子的责任心

编　　著：柴一兵
责任编辑：刘学宽
封面设计：清水设计工作室
出版发行：北京工业大学出版社
　　　　　（北京市朝阳区平乐园100号　邮编：100124）
　　　　　010-67391722（传真）　　bgdcbs@sina.com
经销单位：全国各地新华书店
承印单位：唐山市铭诚印刷有限公司
开　　本：787 毫米×1092 毫米　1/16
印　　张：14
字　　数：180千字
版　　次：2015年1月第1版
印　　次：2021年9月第2次印刷
标准书号：ISBN 978-7-5639-4167-4
定　　价：39.80元

# 前　　言

　　责任心，或称责任感，是指个体在社会生活中，对自身的社会角色以及角色所应承担的责任的认知、产生的情感体验和做出的相应行为。许多心理学家注意到，孩子时期在人一生的发展阶段中占据独特的地位，孩子时期是人格和社会性的初步形成期。对孩子进行责任教育，就是对未来的公民进行责任教育，能够起到潜移默化、影响其一生的作用。

　　作为一种重要的社会性品质，责任心对孩子各方面的发展，以及将来事业的成功具有极为重要的价值。它不仅会影响到孩子的学习与智力开发，同时，也是孩子日后立足社会，获得事业成功、家庭幸福的必备条件。

　　现在的孩子大多是独生子女，生活条件十分优越。这些因素促使他们从小以自我为中心的倾向更加严重，而责任感大大降低。这种状况应该引起家长的高度警惕。

　　责任心不是与生俱来的，不是在一定的年龄会自动出现的。它需要在长年累月的生活中慢慢养成。责任心的培养应循序渐进，在日常生活的各个环节进行渗透。父母要抓紧时机锻炼孩子承担责任的能力，为他们今后的人际交往及社会发展打下良好的基础。同时，孩子责任心的发展也是有一定规律和特点的，父母可运用一定措施和方法开展对孩子责任心教育，让责任心成为孩子成长过程中必不可少的一部分。

有人说，责任心是一个人生命的纤绳，有了责任心，一个人才能把自己的生命与其他的生命联系起来，才会产生自我价值感。一个没有责任心、没有价值感的孩子，因为找不到自己的生命在社会中的地位和重要性，便会感到迷茫，因而失去创造成就的动力，就会平庸地混过一生。孩子的责任心是需要从小培养和呵护的，千万不能因为家长的一点失误而影响了孩子的责任心。

漫漫人生路，责任第一步。让责任之心成为孩子成长过程中必不可少的一部分，让责任与成长成才同行。

# 目　　录

## 第三章　好习惯，帮助孩子培养责任心

## 第四章　定家规，孩子是需要扶正的树苗

## 第五章　因地制宜，不同地方不同培养

## 第六章　培养责任心，要从学习生活的小事做起

## 第七章　干点家务，责任心从小事培养

# 第一章 孩子没责任心，
## 没有任何借口

# 1

# 孩子为什么不爱收拾玩具

**情景再现**

好好今年已经6岁了，但她每次玩完玩具之后都不爱收拾，总是把玩具丢得满屋子都是。妈妈让她收拾，她总是磨磨蹭蹭。嘴里说"一会儿我还玩呢！"过了一会儿，妈妈再让她收拾，她就说："我累了，休息休息再收拾。"然后就不了了之。

为了让好好养成自己收拾玩具的好习惯，妈妈告诉她，只要她能自己收拾好玩具，就会买新的玩具送给她。谁知好好居然说，买了新玩具以后才会收拾旧玩具。

如果好好的妈妈硬逼着好好自己收拾，好好就会哭着拉着妈妈的手叫道："妈妈收！妈妈收！"自己却怎么也不肯收，好好妈为此很烦恼。

**孩子的心里话**

玩具那么多，整理起来好累、好麻烦，而且把它们放到哪里好呢？再说，等会儿我吃完饭还是要把它们拿出来玩的啊！那现在为什么还要收起来？不是太麻烦了吗？更何况，就算我不收拾，妈妈总会收拾的，妈妈最爱干净了，她总会让乱糟糟的玩具变得整洁起来的。

## ❓ 父母应该怎么办

孩子为什么不喜欢自己收拾玩具？这其中的原因是多方面的。比如，如果父母认为孩子收拾之后仍然是乱糟糟的，就会干脆替孩子收拾。这样孩子慢慢地就会放弃自己收拾玩具的行为，变得缺乏秩序感。再比如，如果孩子没有属于自己的储物空间，也会觉得收拾工作特别困难而放弃。另外，如果孩子生活的家庭环境本身也是无序的，也会让孩子习惯、顺应这样的生活方式，从而养成不爱收拾的习惯。

所以，建议父母首先必须创造一个有序的家居环境，给孩子树立良好的榜样，因为责任心是不可能直接传授给孩子的。孩子在各种生活环境中爱对自己喜欢的人进行模仿，从而塑造自己的品质。在家里，爸爸妈妈就是宝宝模仿的对象。因此，父母应给孩子树立好榜样，首先做有责任心的人。

然后，要给孩子一个属于他自己的、方便他分类摆放玩具的储物空间，并且给孩子收拾玩具的自由。一开始可以尝试着和孩子一起以"玩"的形式收拾玩具，让孩子首先感受到收拾玩具的快乐。这时，在孩子很开心的时候，可以及时询问孩子："收拾玩具开心吗？"同时告诉孩子开心的原因是因为自己把玩具收拾好了，获得了劳动的成果，所以开心。

当孩子闹脾气，不收拾玩具时，先给孩子两分钟的冷静时间，等孩子情绪稳定以后，告诉他，如果不收拾好玩具，玩具散落一地很容易被损坏或者弄脏，那么，以后就没有玩具玩了，这样，让孩子明白自己的东西要懂得爱护，收拾玩具是自己的责任。

如果孩子确实不知道该怎么收拾时，父母应该在旁边加以引导，用提醒的方式告诉孩子。比如："宝贝，你看，如果把玩具狗横着放或许比竖着放好？"让孩子尝试用多种方式来放好玩具，可以增强孩子的兴趣，还可锻炼孩子的空间感。

如果孩子执意按照自己的方法来归放，父母可以先尊重孩子的选择，当收拾到最后，出现有些玩具还不能放进去的情况时，父母可以说，"宝贝，你要不看看我的方法？"如果孩子不肯听，父母也不用着急，索性就让玩具堆在旁边，第二天再收拾，父母可以对孩子说，"宝贝，那这样吧，要不明天看看妈妈的方法，你给个评价？"这样，明天和孩子一起收拾，不仅让孩子懂得自己的事自己做，而且还会让孩子在收拾玩具中学会思考。

孩子在收拾玩具时，还能培养"爱干净"和"自己的事情自己做"等好习惯，孩子的自信心、独立性、责任感都会随之增长。当孩子已经通过秩序敏感期获得对周围环境的控制感之后，他就会把探索行为扩大到更为广泛的领域。

需要注意的是，父母教孩子收拾玩具时，一定要防止训练过度，否则，孩子做事就会刻板，父母如果要求特别严格的话，孩子长大以后可能会有轻微强迫症。

# 到手上就坏，为什么孩子喜欢破坏玩具

小机器人的零件散落在客厅里，桌上的电话机被拔掉了线，台灯罩也掉到了地上……不用说，这又是小宗干的事！刚满4岁的小宗，越来越让他的父母不知如何是好了。小宗一点也不笨，他说话早，走路早，动手也早，可他的动手能力实在太"强"了，只要是他玩过的东西就难逃被"肢解"的厄运。一个造型别致的奥特曼，一经小宗的手，就变成了一堆零件；上午才买的遥控汽车，下午就被小宗弄得"粉身碎骨"。妈妈刚换的小闹钟，一转眼就被小宗拆散了架。对于小宗这种破坏行为，爸爸妈妈没少给他讲道理，有时候急了还打过他，可是都不起作用。

### 孩子的心里话

我很想把这个奥特曼改造一下，让它能变成一个超级奥特曼，好酷！

上午买的这个遥控赛车，一点都不酷，连一个小窟窿都开不过去，我要研究一下，让它变成我的超能赛车，一下子就能从这里飞车过去了！

小闹钟究竟是怎么工作的啊？为什么妈妈叫它几点叫醒我，它就几点发出丁零零的响声把我从甜甜的梦中吵醒？不行，我要让它以后听我的……

### 父母应该怎么办

一般来说，在孩子出生七八个月之后，就会出现破坏东西的现象，这个时候，让孩子适当地玩一些破坏一类的游戏，不仅可以训练他的手眼协调能力，而且还能促进他的大脑发育。可是，如果孩子4岁以后还经常破坏东西的话，父母就要加以注意了。4岁以后的孩子已经开始懂事了。他们破坏东西的原因主要有两种：一种是不高兴时，向东西发泄自己心中的不满，任性地把东西弄得乱七八糟，这种情况下，如果父母不加以制止，很容易让孩子养成爱破坏的习惯。

孩子有这种破坏行为，很大一部分原因来自父母的行为。有些父母平时总会满足孩子各种各样的要求，不管到底合不合理，以至孩子提出一些父母觉得无理的要求。父母不满足孩子的要求，孩子就会感到不满，认为父母应该满足。对此，父母们应该明白，如果孩子的愿望合理，并且父母能够满足孩子的愿望，那就尽量满足；如果不满足的话，一定要告诉孩子不能被满足的理由，以取得孩子的谅解。一旦发现孩子有撒泼耍横的破坏行为，一定要严肃批评，绝不能纵容孩子。偶尔还可以给予一些惩罚，但是不能不容分说就加以打骂。打骂会让孩子变得更为叛逆，甚至会产生仇恨心理。

另一种情况是4岁的孩子智力发展非常迅速，开始对物品的构造发生兴趣而不断地分解玩具和机械，然而由于他们的组装能力不强，所以拆开之后常常装不上去，于是玩具也就报销了。这种现象其实就像做智力游戏那样，孩子觉得拆解的过程很有趣，一旦兴趣得到了满足，不管以前多么喜欢的东西也会毫不珍惜地扔掉。这样的孩子一般说来在智力方面发展比较快，能用组合游戏等来创造出大人们意想不到的精巧物件，能画出机械玩具的构造图，并且他们自己会为此十分高兴。对于这些小小技师们，他们破坏东西表面上看是坏事，可是在某种意义上，也可以说是件叫人高兴的事。不过，当孩子将玩具破坏得十分严重时，为了让孩子懂得珍惜物品，父母也可以指导孩子尽力将物件修复。

另外，孩子在不会使用某种工具时，也会出现破坏行为。这种行为多是无意的。父母要对孩子的行为表示宽容，并教会孩子正确的使用方法。

总之，父母一旦发现孩子有破坏的行为，首先要确定孩子是不是故意搞的，搞清楚孩子破坏东西的原因是什么，然后再给孩子指出他的错误行为，提醒他下次不要再犯。千万不要不问青红皂白，随意训斥孩子。这样不仅于事无补，还会伤害孩子的自尊心。要知道，让孩子告别"破坏王"，最好的办法就是让他们自己认识到错误的行为，自觉停止破坏。父母应教会孩子主动维护身边的物品，教孩子学会为自己的行为负责。

# 孩子动不动就摔东西，家长捡还是不捡

**情景再现**

舜舜不高兴、发脾气时总是喜欢摔东西，不管是爸爸妈妈刚给他买的新玩具，还是他自己平时最喜欢的玩具，都会毫不顾忌地摔在地上。有时候，还伴随着哭闹、打滚、躺在地上不起来。为此，舜舜的父母很想严厉地斥责教育一番，可是爷爷奶奶总会冲在前面护住孩子。于是，只要爷爷奶奶在跟前，舜舜就会更加有恃无恐地撒泼耍赖摔东西。舜舜的爸爸妈妈只得暗自叹气。

**孩子的心里话**

玩具摔了就摔了，再说，不使劲儿摔，爸爸妈妈怎么会知道我现在很生气呢？摔在地上的玩具爷爷奶奶一会儿肯定会帮我捡回来的。对了，玩具摔坏了爸爸妈妈还会给我买新的玩具，就算爸爸妈妈不给我买，爷爷奶奶也会偷偷给我买的！

**父母应该怎么办**

扔东西对于一岁大小的孩子而言是个很好玩的游戏，也是孩子成长的必经阶段，他们在不断地扔东西的过程中，逐渐强化了对各种物体环境的认知，锻炼了眼手协调能力。这时，父母可以选择一些不怕摔的玩具供孩子扔。但如果孩子懂事后，还是动不动就扔东西，父母就要注意了。若孩子因生气而扔东西，父母就要及时了解孩子生气的原因，理由正当的可以哄抱，不当的要采取巧妙的方法加以教育，这样可以有效改掉孩子扔东西的毛病。

当父母听到孩子的无理要求时，如果孩子一发脾气，就立刻加以满足，这是最糟糕的一种做法。因为孩子会逐渐从这样的事情中知道发脾气是满足自己愿望和要求的最有效的手段，于是就更容易发脾气、变得暴躁了，这就造成了恶性循环。

还有的父母在吵架时，经常会摔东西，这也会对孩子造成不良影响，让孩子也学会用同样的方式表达自己的愤怒情绪。

另外，隔代教育的不一致性，也不利于孩子的成长，还会使父辈和祖辈之间产生矛盾，孙辈和父辈之间产生矛盾。这样，家庭对孩子的不良影响和伤害就又多了一层。当孩子犯了错误或有乱发脾气、脾气暴躁、任性等行为时，如果长辈们一致否定，那么孩子就会知道自己错了，并学会在长辈的正确要求下改正这一行为，从而培养自我控制的能力。

需要注意的是，孩子之所以会情绪暴躁，有时候也同孩子的体质有一定关系，比如，甲肾上腺含量较高的孩子，脾气往往就比较暴躁。这时，父母就要在教育孩子的同时，关注其身体情况，为孩子消除不良情绪，助其健康成长。下面，提供几种应对孩子坏脾气的策略，可供父母参考：

### 1.用冷处理调控孩子的坏脾气

在保证安全的前提下，一旦孩子发脾气，立刻撤回对他的所有注意，并将孩子抱到一个单独的房间或安静无人的角落，在保证安全的前提下，让他独自哭闹或生气。在孩子停止哭闹或生气之前，任何人都不要理睬他，同时还要避免跟他有任何目光和身体的接触。这种冷处理的方式可以让孩子因为无趣而停止自己的哭闹行为。

### 2.引导孩子逐步发展行为控制能力

父母首先要为自己设定一个控制孩子行为的范围，既避免放任自流，也要避免控制过多、过频，适当给予孩子决定自己行为的机会。父母可以给孩子的日常行为制定一些明确、合理的规则，当孩子能较好地遵守规则时要及时表扬和鼓励孩子，而当孩子出现消极行为时可采取冷处理或适当处罚的方法让孩子明白自己的错误。父母还可根据孩子的情况制订每日活动计划。为孩子提供足够的认知社会、参与活动的机会，减少孩子违反规则或与父母发生冲突的机会，避免亲子消极互动的重复模式对孩子产生不良影响。

### 3.父母要控制自身情绪，给孩子正面影响

如果父母本身脾气比较暴躁，那就应该在孩子面前尽力控制自己的暴躁情绪，避免当着孩子的面大声争论或争吵，尽量以良好的行为方式给予孩子一些正面的影响。另外，父母对孩子的态度要保持一致，当孩子发脾气时，父母本身不要失去控制而与孩子对着发脾气。

### 4.给予孩子足够的安全感

父母平时要多关心孩子，经常用抚摩、亲吻、微笑等来安慰孩子，给予孩子足够的安全感。一旦孩子明白父母对他的爱十分深厚，他就不会因为失去安全感而变得脾气暴躁，行为不可控制。

### 5.帮助孩子理解时间概念，学会等待

等孩子稍微长大，能正确理解父母意图后，可以给他提供一些具体的线索，帮助他理解时间的概念，这样他就不会因为自己的要求没有及时得到满足而动怒。比如，对孩子说："我们看完这本书，然后就去玩滑梯。"这样孩子就有了判断时间的标准，而不是依赖那些抽象难懂的几点

钟来判断时间。

# 孩子为什么爱乱扔垃圾

情景
再现

5岁的贝贝总是到处乱扔垃圾，吃完零食留下的包装纸、吃过核桃的皮屑、擦手的纸巾总是随手一扔。在家里，贝贝走到哪儿脏到哪儿，不光他的那个房间，整个家到处都是他扔的垃圾。爸爸批评他不讲卫生，叫他把垃圾扔到垃圾桶里，他当时答应得好好的，过后依然故我；妈妈让他把画完画丢在床上的纸屑打扫干净，可是说了八遍了，纸屑还是满床都是。

## 孩子的心里话

爸爸也总是乱扔纸屑呢！他还好意思说我！每次跟爸爸去超市，他擦完鼻涕的手纸总会胡乱丢在楼梯的一角。再说，隔壁的丁丁也这样。人家丁丁的爸爸就从来不说他。再说，妈妈最爱干净了，她总会帮我把垃圾清理掉的。

## 父母应该怎么办

上面故事中的贝贝之所以会随地乱扔纸屑垃圾，很大程度上与爸爸和身边人的负面榜样作用是分不开的。在这种情况下，要教育孩子养成讲卫生、爱整洁的好习惯，父母首先要从自身做起，以身作则来教育孩子。其实，从一定角度来说，孩子的责任心水平可以折射出父母的责任心水平。

11

父母是孩子最贴近的人，所以在日常生活中，父母应以身作则，严格要求
自己，勇于承担责任。

另外，父母在教育孩子不乱扔东西、爱整洁的同时，还需注意孩子的
阶段性发展特征。一般说来，4岁以前的孩子是很难养成自觉整理收拾东
西的习惯的。因为，这时孩子的脑子里还没形成秩序的概念。对于成年人
来说，井井有条的环境能给生活带来舒适。但对4岁左右的孩子来讲，越
是乱糟糟的环境，他们越是感到高兴和痛快。所以，对4岁以前的孩子，
父母如不注意方式方法，简单地采用强制性的手段去要求孩子懂秩序，会
"管理"，不仅于事无补，还会扭曲孩子的天性。按照心理学家的说法，
这样会使孩子产生一种"强迫性神经质"，要么变得少年老成，丧失了孩
子的天真活泼个性，要么变得犟头倔脑，对一切"指令"都表示抵触。

当然，这并不是说对4岁左右的孩子，就可以听之任之，放任自流。
孩子爱整洁的习惯还需要从小培养，但必须注意方式方法。对4岁以前的
孩子，应着重于逐渐地使孩子的脑子里形成"秩序"的概念。方法只有
一个，父母给孩子树立起爱整洁的榜样，潜移默化地感染孩子，而不必
过早、过分地强求孩子整洁、有条理。否则，不仅收效甚微，还会适得
其反，使孩子产生厌烦情绪。譬如，当孩子乱翻东西或把玩具弄得找不到
时，父母切不可不问青红皂白，一味训斥，甚至打屁股，把玩具锁起来，
不让孩子继续玩下去，这样只能激起孩子心理上的反抗情绪。遇到这种情
况，可以这样说："你瞧，玩具找不到了，怎么办?我们一块儿找找吧!"
东西找到后，再进一步对孩子说："玩完以后，把玩具整理好，下次就不
会找不到了，记住了吗?"这样经常告诉孩子，孩子就会不知不觉地萌生
"秩序"的概念，为以后的爱整洁打下基础。

孩子长到4岁以后，思维能力逐渐加强，开始明白了什么是"秩
序"。这时，父母就可以有意识、有目的地引导教育孩子守秩序、爱整
洁，由潜移默化过渡到教他们如何去做。建议父母在开始培养孩子们这方

面习惯时，先为孩子准备一个专用的木箱或抽屉，然后把玩具让孩子自己保管，培养孩子的自我管理能力和责任感。父母可以每隔几天进行一次检查督促，及时对孩子提出表扬和指出不足。有两个孩子的家庭，也可以在孩子之间经常开展一些有意义的比赛，如比一比谁的玩具放得最整齐、保持得最清洁，促使孩子向好的一面发展。

小孩子在没有区分好坏的能力时，父母的教育相当关键。他们行为怎样，很大一部分原因在于父母的教育，所以，父母在教育孩子爱整洁的时候，切不可用生硬的口气整天指责孩子这里收拾得不整齐，那里收拾得不好。父母可以采用这样的方式：比如，可在晚饭后或睡觉前，用商量的语气对孩子说："你的东西收拾好了吗?来，爸爸妈妈陪你一起检查一下。"这样，时间长了，孩子自然而然地就会养成爱整洁的习惯。

# 责任心不会一蹴而就

情景再现

周五晚上，小成的妈妈回家后，从包里拿出两张朋友送的《功夫熊猫》电影票。小成见了惊喜不已，看《功夫熊猫》这部电影，这可是他最近最期待的事情了！

兴奋中，小成急匆匆吃完饭，便和妈妈下楼，准备一起去电影院。刚到楼下，小伙伴冰冰的妈妈看到小成，热情地说："冰冰已经准备好了，时间也差不多了，现在去我家玩怎么样?"

原来小成昨天就和冰冰约好去冰冰家玩"打怪兽"的游戏了……

**孩子的心里话**

虽然和冰冰约好了，可是我今天实在是太想去看《功夫熊猫》了，《功夫熊猫》比起我和冰冰的约定，当然是《功夫熊猫》更重要！再说，一次两次失约没什么的，下次我再邀请冰冰来我家玩不就好了嘛！

**父母应该怎么办**

责任心是一件十分严肃的事情，人只有有了责任心，才能具有驱动自己一生都勇往直前的不竭动力，才能感到许许多多有意义的事情需要自己去做，才能感受到自我存在的价值和意义，才能真正赢得他人的信赖和尊重。

尽管许多父母都知道责任心对于孩子成长的重要性，但在现实生活中，他们给孩子的这种责任意识却是很不够的，所以孩子在成长的过程中，就会出现很多不负责任的问题。那么怎样才能科学有效地帮助孩子建立起责任心呢，父母不妨从以下几个方面进行尝试：

### 1.以身作则，通过言传身教来引导和影响孩子

一个人的责任心绝对不是与生俱来的，而是从小养成的。父母对孩子责任心的培养，最有效的方法莫过于日常生活中的言传身教。我们都知道伟大的科学家诺贝尔，据说，他的父亲一直对研制炸药很感兴趣。一次，诺贝尔问父亲："这种会伤人的可怕东西，为什么还要研制它？"父亲告诉他："炸药虽然会伤人，但我们能够利用它来开凿矿山，采集岩石，修筑铁路、公路和水坝，为人们造福呀！"听父亲这么说，诺贝尔点点头，然后在心里做出决定：长大了，也要像父亲一样研究炸药，造福人类。

不难看出，诺贝尔深受父亲责任感和事业心的影响。事实上，这种言传身教的方式远比听上去漂亮的理论有效得多。

### 2.让孩子知道他需要承担一定的责任

一些父母在教育孩子的时候，往往因为方式不当，而将一些不恰当的观念灌输给孩子。比如，有的父母想培养孩子爱劳动的习惯，就会对孩子说："来，帮妈妈洗洗碗！"岂不知，这样会让孩子认为做家务是父母自己的事情，和自己没有直接的关系，不属于自己的责任范围。他向父母伸出援手，不过是在自己乐意的情况下进行的偶然行为，根本不会把这看作自己分内之事。如果想让孩子拥有责任感，这样的教育方式显然不行。应让孩子首先明白他是家庭中的一员，也应承担相应的责任。通过这样明确的引导，孩子会从小建立起责任感的概念，并学会为一些事情承担责任。

### 3.监督孩子和伙伴及他人之间的约定

孩子之间也会像大人一样，彼此做出一些约定。比如下学之后一起去游乐场玩耍，周末的时候一起到哪个同学家温习功课等。如果父母知道这些情况，就要监督孩子的行为，让孩子履行自己的诺言。同时，父母如果还有别的安排，除非不得已，否则不要随便打乱孩子的计划，而应为孩子提供便利，对孩子履行约定的行为提供支持。

此外，父母还应教育孩子在他人遇到困难的时候，伸出援手，提供帮助，当孩子感受到被帮助的人的感激时，他们自己也会体验到自己的价值，并对自己的责任心引以为荣！

# 想一想，孩子的责任心有多少

情景再现

鹏鹏的妈妈发现今年已经9岁的儿子还是不知道保守秘密。每次，鹏鹏放学回到家，总是神秘兮兮地对妈妈讲："妈妈，我告诉你一个我们班××同学的秘密，你可不要告诉别人……"事实上，鹏鹏妈妈发现儿子在告诉她之前，已经告诉了很多人了。保守秘密是一个孩子责任心的反映，对此鹏鹏妈妈非常着急，但又没有好的办法。

## 孩子的心里话

××同学的秘密真令人惊讶，我一定要把它分享给爸爸妈妈，还有贝贝、丁丁，哦，对了，还有小蕊、虎子……他们一定都还不知道呢！再说，我偷偷地说，并且嘱咐他们不许给别人说，××同学自己是不会知道的！

## 父母应该怎么办

保守秘密是一个人责任心的集中反映，也是一个人在社会中得到良好发展的基础，是影响一个人心理健康的重要因素。孩子应知道，互相信任是分享秘密的基础。人们结交朋友，就是想使自己的心里话能够找到可以倾诉并被理解的对象。但是，言而无信的人却辜负了这种信任。他们当面答应"保守秘密"，背转身来又向不相干的人和盘托出，这样的人，怎么能得到别人的信任，怎么让人与之交往呢？

因此父母应让孩子学会为别人保守秘密，只有懂得为别人保守秘密的人，别人才会为他保守秘密，那么，从现在开始，就引导孩子学会保守秘密吧。

### 1.父母要引导孩子树立正确的"秘密观"

想要让孩子学会保守秘密，父母首先应该尊重孩子的秘密，引导孩子树立正确的秘密观。孩子之所以不知道保守秘密，是因为他没有要保守秘密的意识，不知道"秘密需要保守"。因此，父母在日常生活中就要给孩子介绍正确的"秘密观"：别人信任你，才会把自己的秘密告诉你，对此，你有为他保守秘密的义务；如果你言而无信，随便把秘密告诉别人，你就会失去别人的信任；保守秘密是尊重别人的表现，只有为别人保守秘密，别人才有可能为你保守秘密。

### 2.让孩子学会保守秘密，父母不要介入他的秘密

父母应该明白，对孩子而言，与父母分享自己的秘密是他对父母的一种额外的信任。但需要注意的是，如果孩子不想告诉父母自己的秘密，父母也不要为了了解孩子而过分地介入他的秘密。这样容易失去孩子的信任。况且，孩子在6至12岁这个年龄段，所拥有的"秘密"往往都是生活中的一些小事情。只要不涉及道德品质等原则问题，对于孩子的秘密父母不必探究。

### 3.想要孩子学会保守秘密，父母也要为孩子保守秘密

对6至12岁的孩子，重在引导，让他学会保守秘密也是如此。平时，当孩子告诉父母自己的秘密时，父母要提醒孩子："你把自己的秘密告诉

我了，你放心，我会为你保守秘密的。"这样可以培养孩子保守秘密的意识。当然，父母也可以适当地把自己的小秘密告诉孩子，并对孩子讲："妈妈把自己的秘密告诉你了，你也要为妈妈保守秘密。"发现孩子能够为自己保守秘密了，妈妈也要及时地表扬孩子："孩子，你真棒，能够为妈妈保守秘密了。"这样，孩子就会把"保守秘密"深记于心，逐渐也就学会了为他人保守秘密。

# 第二章 孩子没责任心，
## 父母有责任

# 责任心是被骂掉的

　　已经上小学五年级的兰兰在超市门口捡到一个钱包，里面只有5块钱，但是，兰兰为了等失主来认领，在门口等了足足两个小时，也没有见到有人来寻钱包。这时，兰兰的妈妈在家里左等右等，还是不见放学的兰兰按时回来，心急如焚地出来寻找，见到兰兰在寒风中蹲在超市门口时，她又气又急地冲了过去："妈妈在家等你半天你不回来，你不知道妈妈心里有多着急，为了那么个破钱包你在寒风中等两个小时，真是找冻啊！"

 **孩子的心里话**

　　小钱包的主人丢了钱包，心里面肯定会很着急的，里头虽然只有5块钱，但也许对小钱包的主人很重要呢！要是现在我走了，他回来寻找钱包找不到可怎么办啊，我就在这里等等他吧，也许他很快就会来了……

**父母应该怎么办**

　　在培养孩子责任心的大部分案例中，孩子没有责任心，往往不是孩子的问题，而是父母的教育出了问题。甚至，在绝大部分的时候，是作为父母的你亲手扼杀了孩子的责任心。

　　一位美国著名儿童心理学家曾对父母的批评是否对孩子成长有所影响

进行了研究。他举出了一些使孩子产生痛苦联结和破坏性的话语：

使用难听的字眼——傻瓜！骗子！不中用的东西！废物！

侮辱——你简直是个饭桶！垃圾！废物！跟你那死爹一样！

非难——叫你不要做，你还要做，真是不可救药！

压制——不要强词夺理，我不会听你狡辩！

强迫——我说不行就不行！还敢顶嘴！

威胁——你再不学好，妈妈就不爱你了！滚出去！

央求——我求你看一会英语吧，儿子！

贿赂——只要你这次考100分，我就给你1000块零花钱。

挖苦——洗碗，你就打碗，真行，以后还要做大事，做梦去吧！

这些词语是那些热心的父母经常用的话。这样不但不能把孩子教育好，只会把事情弄僵，更会把孩子的不良行为放大。而且，在父母的责骂中，孩子关注更多的不是自己的行为，而是父母的情绪。这样的方式往往会让孩子变得胆小、懦弱，对自己没有信心，从而不相信自己有负责任的能力。

对此，父母不妨试着经常竖起大拇指称赞自己的孩子，而不是经常指责孩子。只有孩子对自己有信心，他才能勇于面对生活中的各种挑战，即使受挫也有力量面对。

孩子小的时候缺乏自我认识，父母对他们的评价往往就能决定他们对自己的看法。因此，父母要充分肯定自己的孩子，不仅因为他们做了值得肯定的事，更是因为孩子本身。适当运用赏识教育，将使孩子的内心产生一个积极的自我，对未来会有积极的期待。坚信自己有价值的人，就会努力创造价值；不认可自己的人，做任何事情都不会有信心。赏识和信任是所有父母都能够给予孩子的礼物，这财富会让孩子一生享用不尽。

# 8

# 不要总帮孩子"擦屁股"

军军今年6岁了，非常调皮。有一天，他拿着一支针管注水玩，忽然发现邻居家的煤炉上正熬着一锅粥，于是，他拿起针管就往粥里注水，结果正好被邻居撞见。邻居便来告诉军军的父母。军军的父母一边将自家的粥盛了两碗端给邻居，一边笑眯眯地说，"别人都说军军可乖了"，军军自己则早已跑得不见了人影儿，邻居很是尴尬，无奈之下，只好怪自己没有看好粥。

## 孩子的心里话

被邻居阿姨发现了又怎么样？有爸爸妈妈在呢，她又不敢打我，爸爸妈妈总会帮我的。从小到大，我不论闯下什么祸，爸爸妈妈总能轻而易举就帮我摆平的。我先去别处玩一会儿，等过十几分钟，事情搞定了，我再回来。

## 父母应该怎么办

如果孩子做错了事情，父母不但不批评，反而为孩子当挡箭牌，这样会蒙住孩子辨别是非的眼睛。他们会仗着有父母撑腰，对自己的行为更加无所顾忌，因为他认为，自己做了什么事，父母都会为他摆平的。在上述案例中，其实邻居阿姨并不是想让孩子的父母道歉，只是想让他们意识到孩子的做法是不对的。万一针管里有残留的药物，而孩子不知道，注射到别人家的粥里，别人吃了这个粥会出大事的。

在家庭教育中，有一句名言叫"善意的教育从来都不是袒护"。袒护越多，对于孩子的健康成长伤害就越深。孩子犯小错误是难免的，但是父母一定要让孩子明白他的做法是不对的，会造成什么样的后果，否则，下一次还会犯同样的错误。一直受到袒护的孩子是长不大的。

从前，有一个小偷被抓住了，由于其罪行累累，最后被押赴刑场，临行前，他要求行刑的人让自己跟妈妈说几句话。妈妈凑过耳朵去听时，五花大绑的他突然咬下妈妈的耳朵，然后对妈妈说："若不是你从小就惯着我，我就不会有今天。"

原来，他还很小时，就经常从小伙伴那里偷点儿吃的和玩的，然后回来给妈妈看，妈妈不仅没有批评他，反而还大加赞扬。后来他就开始偷邻居的鸡蛋，还有地里的菜，偷回来后，妈妈会竖起大拇指夸儿子能干，然后就将偷来的鸡蛋、菜等做给儿子吃。慢慢地，经常受妈妈鼓励的儿子就觉得拿别人的东西很好，最后愈演愈烈，终于被送上刑场。

所以，父母对于孩子的不良行为，绝对不能姑息迁就，否则，孩提时代形成的是非观念，会影响他的一生。不良的品质和习惯一旦养成，到后来是难以纠正的。孩子犯错并不可怕，可怕的是父母不但引导不力，而且还予以袒护。诚然每个孩子都是父母的心肝宝贝，应该给予爱，但一定要爱之有度，不要溺爱。在对待孩子的问题上，多动脑筋多思考，才是对孩子真正的爱。

为人父母，总希望自己的孩子听话、少犯错，但是，孩子在成长的过程中，总会伴随着这样或那样的错误。父母能做的，只是让孩子为自己所犯的错误付出一定的代价，从而认清自己错在哪里，避免再犯。只有这样，孩子才能成长为一个敢于改正错误，并能主动承担责任的人。

# 不要对孩子的事大包大揽

情景再现

洋洋拿着杯子颤颤巍巍地走过来，一下把水泼在沙发上，妈妈马上把孩子拉开，一边收拾残局一边心疼地说："你还小，不能自己喝水！要是换成热开水，那可不得了！"

每次吃饭时，洋洋都想自己吃饭，可奶奶怕弄脏地板、衣服，不准洋洋自己动手，而是一勺一勺地喂给孩子吃。

晚餐结束后，妈妈收拾桌子，洋洋主动帮妈妈端盘子、收筷子，妈妈忙说："快放下，你会打碎的，长大后再帮忙吧！"

 **孩子的心里话**

幼儿园里的小张老师总是告诉我们自己的事情要自己做，可是，为什么回到家里，我每次要做的时候，妈妈和奶奶总不让我做呢？到底是妈妈、奶奶说得对，还是小张老师说得对呢？

**? 父母应该怎么办**

孩子的独立生活能力差，是因为孩子们的懒惰不愿动手做事吗？其实不然，没有一个孩子不喜欢自己动手。"做"是他们锻炼的机会。孩子一会走就有帮助妈妈的愿望。两岁的孩子就会帮大人拿东西、跑跑腿，三岁的孩子自立愿望非常强烈，什么事情都想去干。但是他们还太小，能力有限，常常会把事办糟。这时，父母就应鼓励他们试一试，不要责怪或制止他们的行动，因为保护孩子的心灵远比不让孩子犯小的错误更重要。

独立生活能力是人生存与发展的基本能力，这种能力不是天生的，要从小加以培养。为了改变孩子一切依赖父母的状况，让他们了解父母的辛苦与不易，将来能更好地适应社会，父母应该舍弃那种过分的溺爱之情，给孩子创造一些机会，放手让孩子尝试生活。

### 1.还孩子一些自由

现在的孩子基本上都是独生子女，在物质方面是富裕的一代，而在人身自由度方面却受到很多限制。许多父母对孩子的过度照顾，剥夺了孩子做任何事的机会与义务，使孩子渐渐养成衣来伸手、饭来张口的坏习惯。孩子会以为别人为自己做什么都是应该的，不懂得体谅和关心他人。因此，父母不要过多地干涉孩子的活动，要尊重他们"自己来"的愿望。凡是孩子自己能办的事都要让他自己去尝试。尝试，是孩子学着独立的开始，是孩子迈向自立的第一步。还孩子一些自由的空间，让孩子从小锻炼，至少不要在他跌倒的时候毫不犹豫地将他扶起，而是让孩子自己通过双手独立地站起来。

### 2.对孩子藏起一半爱

怜子之心，人人都有。但是爱怜不能缺乏理智，不能爱得太盲目。父母能够替代孩子一时，却无法替代孩子一世。只有早日放手，让孩子学会自己照顾自己，让孩子用自己的脚走路，才是正确的选择。比如，孩子学着切菜，父母不必担心他会割破手指，在旁边看护着，只要教他方法，让他练习，自然就学会了。父母还可以让孩子自己整理书架、书桌，自己布置房间，有条件就让他单独睡觉。只有父母"离开孩子"，才能培养孩子的独立能力。作为合格的父母，所给予孩子的最美好的东西，就是教会他们生存和生活以及创造的能力，而不是满足、娇惯或溺爱、放纵，这样才能给孩子一个健全的人格和自信的人生，才是真正地爱孩子！

### 3.让孩子经历适度的挫折教育

生活不会一帆风顺，挫折对每个人都是难以避免的。父母不可能永远成为孩子的避风港，为孩子提供免于伤害的保护。孩子需要接受挫折的考验，需要经历失败的洗礼，才会逐渐适应生活、适应社会。在孩子的尝试过程中，每一个细节，都会给孩子一种平凡而真实的教育。父母不必担忧孩子会因为一次被水烫疼、一次将衣服穿反、一次把碗打破等，就不愿进行新的尝试。这正是挫折赋予孩子的未来本钱，它可以让孩子懂得做事要毫不气馁、再接再厉、永不放弃，体验到通过自己的努力获取成功的喜悦，在未来的日子里笑对人生。因此，父母有理由相信，大胆、能干的孩子，是由既放心又放手的勇敢的父母培养出来的。

父母不替孩子去做他力所能及应该做的事，这是为了更好地发展孩子独立学习和做事的能力。孩子的成长是自身的提高，决不应该是父母代替的提高。因此，要使孩子从过多的帮助中解脱出来。生活中，"我为你做……"常常是每个父母挂在嘴边的口头禅，殊不知这个口头禅正是导致孩子任性、骄纵以及缺乏责任感的根源之一。"我来给你收拾，你去学习"，"我来给你洗衣服，你去玩吧"，"我来做，你吃不消的"……久而久之，养成了孩子饭来张口、衣来伸手的习惯。这种"凡事包办"的教养方法会使孩子的责任意识逐渐淡薄。父母在教育过程中要转变这种表达方式，不要总认为孩子不懂事，不能做。要让孩子学会自我服务，告诉他们"你该做，你能做……"从"为你做"到"你该做"再到"你能做"，培养孩子独立完成任务的能力。有些事情应该孩子自己做，就要放手让孩子自己去做、去学。为进一步让孩子"自己的事情自己做"，父母可以分配孩子一些具体的家务，明确学习是孩子自己的事；委托孩子办一些事情，让孩子意识到完成别人交给的任务是一种责任，是守信的表现。显然，每个孩子都乐意拥有一定的职责和任务，并且为这些任务负责任。一些看似细微的任务，不但能养成孩子良好的习惯，还能促进他们对自我价值的积极认同。因此，父母要尽量给孩子一些锻炼的机会，这样孩子便可以在自我服务中增强责任心。

所以，教育孩子自己的事情自己做，对自己的生活负责，如做事专心，有始有终；遇到问题，设法独立解决。经验告诉人们，相信孩子，让他们对自己的事情负责，孩子才会有责任心。其实，孩子的成长速度是惊人的，远远超出成年人的想象。

# 对孩子不能只讲大道理

**情景再现**

舟舟今年已经5岁了，妈妈觉得她已经可以听得懂道理了，所以舟舟妈妈逐渐开始在日常生活中向舟舟讲述一些做人做事的道理。可是这样坚持了很长一段时间，舟舟妈妈发现她讲的这些道理在舟舟身上一点作用也没有起到，而且，舟舟的妈妈还发现，舟舟对于听她讲道理越来越没耐心了。讲完后询问舟舟，舟舟好像完全没听懂或者没听进去的样子，舟舟妈妈也感到非常失望。

**孩子的心里话**

这些道理为什么总是干巴巴的一点儿不都好听，和幼儿园老师讲的故事比起来，道理一点都不有趣，也不好听，妈妈每次讲完还总是要问我听懂了没有，她一定是觉得我越来越笨了……

## 父母应该怎么办

教育孩子，我们提倡讲道理，但是如果只讲大道理，会让孩子也陷在大道理里而不知如何具体控制自己的行为，这样，就会让孩子感到自己很笨，什么都做不好，从而丧失信心，阻碍责任心的建立。

当父母认识到了阻碍孩子责任心培养的因素后，试着通过以下的方法改变一下自己的教育方式：

### 1.不要一味地指责和说教

"你怎么又做错了？""我告诉过你多少遍，你为什么不记住？"这些话，是大多数父母在孩子犯错时的常用语。但他们可能不知道，这种表述方式除了宣泄自己的愤怒以外，既不能改变孩子犯错的事实，也不能帮助孩子改正缺点。国内知名幼儿教育家与心理学专家孙瑞雪说，对孩子的一味指责，只会使孩子觉得自己不够好，时间一长，孩子势必会产生恐惧和自卑心理，难以获得成长的能量。

她建议，在批评孩子时，一定要把孩子和事件区分开，不能一味说"你这不好，那不好"，而应该说"你不可以做这样的事"或者"你这样做不对"。这样，才可以使孩子明确知道自己错在哪里。

如果你爱你的孩子，那么，请控制你的废话。尤其是在孩子犯错时，不要对孩子宣泄自己的情绪。孙瑞雪称，用最简单的语言，让孩子知道自己哪里错了就足矣。还有一点，请父母记住要蹲下来跟孩子讲话，这样，孩子会感到自己是受到尊重的。  另外，很多父母训斥孩子时"排山倒海"，教育孩子时则"喋喋不休"，但他们忘记了孩子的注意力集中的时间有限，其理解能力也非常有限，使用冗长、复杂的语言，往往会令孩子感到困惑。因此，她建议父母在给幼儿启蒙时，也要控制自己的语言。

**2.树立父母的榜样作用**

人在幼年时期，父母与环境对其身心产生的影响远比人们想象的要深。而父母的行为更是比他们的言语更有说服力。假使父母嘴上说，责任心很重要，但他们对自己、对家庭、对社会不负责任，那么孩子学到的是父母的行为而非言语。

另外，对于孩子身上确实存在着的缺点与不足，父母也绝不能一味埋怨孩子，恰恰首先应该从父母自己身上找原因。孩子的性格培养与家长及家庭环境密切相关，当觉得自己孩子哪点不好时，父母首先应该反思的是自己。父母是孩子的榜样，想想孩子在犯错误时，父母是否有过这样的毛病，而不是一味责怪自己的孩子。

有时父母说起自己的孩子，"胆小、不自信"、"大大咧咧、马虎"等字眼总免不了出现，因为父母都希望自己的孩子尽量完美。但其实孩子的这些性格或者行为与父母本身、家庭环境等都是密切相关的。

**3.多给孩子积极的暗示**

实际上孩子都有意无意地在倾听大人们对他们的评价。而父母聚在一起，免不了谈论自己的孩子，而且谈得兴高采烈，浑然忽略了身边的孩子的存在。孩子们貌似没有听父母在讲话，但实际上孩子都听进去了。此时如果父母当着孩子的面和其他家长说自己的孩子不好，比如"我家孩子特别淘气""你们孩子真厉害，画画都拿奖了，我们孩子就是画不好"等等，这就无意中给孩子一种消极的引导。有时孩子听多了，就会觉得，"我就是这样淘气，我改不了了"，慢慢地接受了妈妈给他扣的"大帽子"。孩子需要的是积极的暗示，父母需要做的是多提提孩子的优点，多提提孩子的进步，让孩子得到肯定。当然，对孩子教育的方法要因特性而异，不同的孩子要用不同的方法对待。像懦弱不自信的孩子，就应该多表扬，多鼓励。对自信的孩子就应适当地表扬，因为父母过多的表扬对他来说作用不大，只会让他形成一个做事就要听表扬的习惯。对于那些敏感的孩子，在教育的过程中更要注意多运用正面引导的方式，而尽量少采用消极批评的方法。同时，表扬也必须注意方式方法，关键是要表扬到孩子做的具体事情或取得的进步，这样才能不断地从正面引导孩子。

### 4.让孩子做一些力所能及的事情，并及时予以肯定

心理学研究表明，积极参与家务劳动的孩子，在责任心上明显优于其他孩子，而且因为对家庭作出了贡献，孩子觉得自己是有价值的、有力量的，于是自信心也会普遍提高。

因此，父母可以为孩子创造很多参与的小机会，当然一定是符合他们年龄特点的，如果要求太高，孩子会因为达不到要求而受到挫折，从而打击他们参与的积极性。

同时，在孩子完成一项任务后一定要及时予以肯定、表扬，不要觉得这是孩子本就该做的，就对孩子的行为不加鼓励。孩子在没有形成正确的自我认识之前，需要成人的正面评价，以帮助他们逐渐形成良好的自我认识。

另外，父母要重视过程而非结果，孩子参与、负责任的意愿一定要及时得到成人的关注与认可。

### 5.给予孩子帮助与引导

孩子的行为能力是随着年龄的增长慢慢增长的，而且也是需要用心培养的。有时，孩子会因为不知道怎么做而放弃。这时的孩子需要父母耐心地陪伴，需要父母情绪上的支持，并且需要父母的一些提醒与帮助。从最初的陪伴到最后能独立完成，父母及时的肯定与引导，对孩子来说是弥足珍贵的。

# 11

# 过分监督让孩子没了责任心

情景再现

　　小凯已经是一名小学六年级学生了，最近，小凯的爸爸发现小凯一放学回家，就喜欢关上门。爸爸觉得很奇怪，不知道孩子在里面干什么，于是有事没事就推门进去看看。小凯对爸爸的行为很反感。有一天，他对爸爸说："以后进来能不能敲一下门啊！"

　　爸爸一听就生气，说："我是你爸爸，你有什么要隐瞒的！进儿子的房间还要敲门？我真是白养你了！"

## 孩子的心里话

　　爸爸真是太不信任我、太不尊重我了。难道我在爸爸的眼里就是一个坏孩子吗？我只是想一个人在屋子里做自己喜欢的事，不想别人打扰而已，为什么爸爸就一定认为我是在里面做坏事呢？爸爸和妈妈都可以有自己的小空间，为什么我就不能有？这不公平！老师说了，不尊重别人隐私的人也不配得到别人的尊重。我以后也不尊重爸爸了。

## 父母应该怎么办

　　毫无疑问，信任孩子的父母会很放松很快乐，而不信任孩子的父母很紧张，焦虑，忙碌，疲惫不堪。其实，对一个孩子的信任，跟相信一个桃核只要给它水分，一定会长出一棵桃树，一定会开出桃花，结出桃子一样，相信的是一种生命状态，是大自然。父母只要相信孩子是一颗种子，相信孩子一定会按照一定的自然机制去发展，就不会把自己的焦虑传导给孩子，就会让孩子去发展自己。如果父母不相信婴儿会长成一个成人，父母就会用自己能想到的所有的方法去扭曲孩子，最终破坏孩子的自然发展机制，使孩子受到身心的伤害，为孩子一生带来痛苦。

另外，过度保护监督孩子也会挫伤孩子的自我观念，削弱孩子自主能力的培养。因为当父母过分监督孩子的行为时，其实也是在告诉孩子："你不能照料自己。"父母应该把"只要孩子自己能做，绝不包办代替"当作座右铭。这样才能逐步培养孩子自己照料自己的能力。具体来说，以下方法供父母们参考。

### 1.培养孩子的自信心

有位哲人说："自信心是每个人事业成功的支点，一个人若没有自信心，就不可能大有作为。有了自信心，就能把阻力化为动力，战胜各种困难，敢于夺取胜利。"因此，父母要注重培养孩子的自信心，要引导孩子尊重别人但不迷信别人，要用科学的态度对待别人的成功与失败。正确看待自己的进步，要有成功的自信心。

### 2.正确对待孩子的缺点

当孩子有了错误时，不要用偏激的言辞去斥责，而要循循善诱，晓之以理，和孩子一起分析事件的来龙去脉，指出孩子犯错误的原因以及造成的危害，然后，帮助孩子改正错误。一生中不犯错误的人是没有的，特别是人生观和道德观正在形成中的孩子，有缺点、错误的可能性更大。做父母的要充分理解他们，信任他们，引导他们正确对待错误。

### 3.要为孩子提供施展才能的机会

在日常生活中，对孩子的一切，切忌热心包办和冷淡蔑视。凡是孩子能做的事，只要是有益的，父母应支持他们去做。孩子缺乏经验和技术，有时失败了，或者有什么失误，这是正常现象。当孩子遇到挫折和失败时，父母应多进行安慰和鼓励，帮助他们找出原因，使他们的自信心得到充分的保护。

### 4.对孩子宽严相济

要做孩子的朋友，既对孩子严格要求，善于从日常生活中发现问题，随时给孩子以引导和指引；又把孩子作为平等的伙伴，与孩子一起学习一起玩，尊重孩子的一切；还要给孩子切实到位的帮助，让孩子心里踏实，心理安全，健康长大。

### 5.关注而非监视孩子的成长

当孩子真的出现问题后，他会表现得苦恼，烦躁，情绪低落，学习成绩明显下降，和新朋友交往时有障碍。这时父母要表现出更多的爱，直截了当地找他谈话，采取有效的措施，同时寻求专家的帮助，这才是较为妥当的方法。要避免采取粗暴的手段，因为父母的目的不是为了发泄自己的愤怒，而是帮助孩子改正错误，使他们健康成长。

孩子们对这种观点也表示赞同。一个17岁的女孩子说："有些事情需要我们自己体验，这样能使我们成熟得更快。父母如果想了解什么，他们应当直接问我，我会告诉他们的，而不应采取盯梢或是偷看日记的方式。"

世上的所有父母都希望自己的孩子健康成长且各方面都很优秀，所以很关注孩子的成长，但要关注而非监视孩子的成长。监视只能导致孩子对父母管束的厌恶，从而更加逆反。正确的教育导致正确的结果。在孩子教育的问题上，如果用监视外加体罚的方法，认为"监视之下孩子才会表现好，棒下才能打出孝子"，那么在此暴力环境下长大的孩子必然也崇尚用暴力解决问题。大则对社会是个隐患，小则不利于孩子健康成长。应该从小教育孩子——父母只是关注你的成长，暴力也不能解决所有的问题，只有讲理才是正道。

总之，不管孩子做出怎样的行为，父母都要保持一颗平常心，用坦然的态度，从尊重孩子的角度出发，进行正面的引导，这样才能增强孩子抵制诱惑的能力，使孩子具备正确处理敏感事情的能力，从而健康地成长。

# 过分严厉，孩子怕惩罚，不敢负责

小俊最近迷上了玩弹弓，自己用纸折了好些个"子弹"练准头，几天下来果然进步了不少。这天下午，小俊突发奇想，偷偷拿出家里的玻璃弹珠当子弹，一下子就把邻居叔叔家的玻璃给射碎了。邻居叔叔气急败坏地朝窗外大骂。小俊的爸爸听到后，忙问小俊说："是你干的吗？"小俊忙摇了摇头，小俊的爸爸松了一口气，转而又强调："要是你敢这么胡闹，看我不打死你！"小俊吓得更不敢说出事情的真相了。

 **孩子的心里话**

看叔叔和爸爸那张铁青的脸，要是知道是我干的，我还能"活"吗，肯定会被打死的，一定咬紧牙关，不能承认。

### ❓ 父母应该怎么办

七八岁的孩子，因为年龄比较小，他们生理机能和心理发展还不成熟，常会做错事、说错话，这是难免的。如果在父母和老师的帮助下，他们能认识到自己的错误，并改正错误，这当然是我们希望看到的。可是有些孩子做了错事，却总是不肯认错，倔强、执拗，令人生气。当然，父母也千万不要认为不肯认错的孩子就不是好孩子。孩子不认错，也是有原因的。

很多孩子不认错，是因为不敢认错，他们觉得认错会受到惩罚，害怕承担责任。由于有的父母教育方法简单、粗暴，孩子犯错后，不是呵斥就是打骂，常使孩子惊恐万状，无所适从，为了逃避惩罚，只好死不认错。有些父母虽然答应不会惩罚孩子，但孩子在认了错之后，却还是遭到了批评和责骂。孩子上过一次当以后，下次想要他再认错，就变得难上加难了。

古人说："知耻近乎勇。"认错，并且改正，只有有大勇气的人才可能做到。因此，对于不小心犯了错误的孩子，父母应该耐心地对他们进行启发教育，给他们认错的勇气，千万不能采取简单、粗暴的方法进行处理，否则，既伤害了孩子的自尊心，又达不到教育的目的。

### 1.当孩子主动认错后，我们不要再惩罚孩子

七八岁的孩子，处于正在努力求得完善的发展中，他们在成长和发展的过程中，犯一点错误是正常的。父母在发现孩子犯了错误之后千万不可着急、气恼，更不可不问青红皂白就把孩子狠狠地训斥一顿。认错需要一定的勇气。孩子不敢认错，是因为害怕承担后果，父母应给孩子一种安全感，告诉孩子每个人都有犯错误的时候，只要勇敢地承认了、改正了就是好孩子。如果父母动不动就对犯错的孩子训斥和指责，他们哪还敢认错呢？

### 2.让孩子主动反省自己的错误

当父母发现了孩子的错误之后，有时候并不用急于纠正孩子的错误，对他们进行教育，可以将他们的错误置于一边，先让他们主动反省一下自己的错误，等时机成熟时，再对其进行教育。这样的教育方式，比直接指出其错误并让其改正，效果会更好。

### 3.父母自己也要学会认错

由于父母在孩子面前是权威，因此，很多父母在自己犯错的时候，如弄坏了孩子喜欢的玩具等，往往会为了自己的面子，不向孩子认错，由此导致孩子也学会了不认错。父母希望孩子怎么做，首先父母自己就得那么做；要想让孩子学会认错，父母就需要以身作则，平时注意自己的行为，犯了错误也要承认，为孩子树立良好的榜样。

当孩子"闯祸"后，有一些父母由于一时的感情冲动，往往会对孩子进行不恰当的批评或惩罚。事后，父母又往往会后悔。这时，父母如果能诚恳地向孩子说声"对不起"，一定会赢得孩子的尊重。相信孩子以后在做错事情以后，他们也会采取同样的态度来对待自己的错误。

# 处处奖励，培养孩子责任心的陷阱

阳阳两岁时，依着围栏学步，每挪动一小步，妈妈就站在旁边说："孩子真行！孩子加油！"一边赞扬孩子，一边给孩子糖块吃。

4岁，阳阳进了幼儿园，能歌善舞，妈妈更是高兴得眉飞色舞。"孩子真行，你背唐诗给妈妈听，妈妈给你买玩具熊！""再给阿姨唱首歌，妈妈带你去吃麦当劳！"上学后，阳阳逐渐开始学会用学习成绩来向妈妈提出各种要求，先是考100分买新衣服，到后来就成了买游戏机等物品，阳阳妈妈渐渐感到不堪重负了，可又苦无办法。

 **孩子的心里话**

妈妈最希望我能取得好成绩了，我正好可以借此向妈妈提出好多好多的要求。妈妈总会满足我的这些要求的，还记得小时候，每次我实现了妈妈的愿望，妈妈总会兑现她的奖励的，现在也不例外！

**父母应该怎么办**

奖励通常包括精神上的奖励（鼓励、赞扬）和物质上的奖励两种形式。父母适时的精神奖励，以及对良好行为的明确要求，会促进孩子社会责任感的培养。而过多的物质奖励往往会产生相反的结果，尤其是滥用物质奖励。我国教育家陈佑兰先生说过："物质奖励会降低儿童对行为标准的内化，阻碍认知能力和良好的社会责任感发展。"

关于奖励的问题，多数家庭比较随便，只要孩子能考得好，几乎是有求必应。其实，这并非小事一桩，处理不好就可能事与愿违。所以，父母也要讲究奖励的策略和原则。

### 1.少奖为佳

适当时候、适当次数的奖励，就相当于给发动机加油，可以起到很好的作用，但奖励切记不可太滥。奖的频率太高，其刺激作用就会逐步下降，要想发挥其作用，就必须不断加码，以满足孩子迅速扩张的胃口。而更为严重的是会引导孩子为了得到奖励而学习，不能产生真正的动力。因此，在满足孩子必需的学习用品和生活需要的前提下，要逐步减少奖励的次数，最佳境界就是没有奖励。

### 2.奖态度不奖分数

大多数父母是以分数或者名次来设定奖项和决定是否奖励，其实最好的方法是根据孩子的学习态度进行奖励。因为从长远看，态度和努力的程度比一两次的分数更重要。而且考试会有很多不确定因素，如卷子的内容对每个人的适应性，孩子复习题目的"机遇"性等，所以并不一定真正反映其学习的努力程度和效果。用分数和名次作为奖励的标准，有可能出现孩子已经非常努力，但因为一些偶然因素而没有达到设定的奖励目标的情况，结果反而会打击孩子的学习积极性。

### 3.一诺千金

如果和孩子有了约定，比如有的父母是定考多少分，有的父母是定考到第几名，就给孩子奖励，这样的承诺就一定要兑现。如果孩子达到了约定的要求，就要坚决奖励，做父母的不兑现自己的承诺，就会严重挫伤孩子的学习热情，更为严重的是给孩子树立了言而无信的榜样。如果孩子没有达到设立的目标，也不可迁就，不要让孩子形成讨价还价的习惯。与其怕影响孩子的情绪而改变初衷去迁就孩子，还不如没有这样的约定。

### 4.奖品适当，价值适中

奖励的价值不要太高，其价值和奖品要与孩子的年龄、取得的成绩等等相适应。有些家庭由于形成了奖励并不断加码的习惯，常常给孩子价值过高和不适当的奖励，那样反而会害了孩子。比如有的父母因为孩子某次考试满分，就给孩子买电脑、买游戏机，这样可能会使孩子玩物丧志。

**5.精神鼓励为主，物质享受为辅。**

很多父母给孩子的奖励是以物质享受吃、穿、玩为主，这样的弊端是将孩子的目标引导到享受方面。其实最好的奖品是学习用品，特别是书籍。

# 14

# 父母不应把孩子当成出气筒

情景再现

这个月，王女士又被老板无故克扣工资。她心里一肚子气，一直憋到了家里。

刚进门，王女士就看见女儿将一本自己喜欢的时装杂志给弄破了。内心的火气，一下子被孩子点燃了。王女士照着孩子的屁股就是几下，直至将手打麻了，还不解恨。

那晚，丈夫和王女士谈心，"你这是怎么了，不就是工资少拿了点，至于把火气发在孩子身上吗？她又不是你的出气筒，你想打就打，想骂就骂。她也是个人啊，也需要别人尊重她。"

一番话说得王女士无地自容，自那之后，王女士改变了许多，她学会了控制自己的情绪，不再因自身的原因而迁怒于孩子了。

 **孩子的心里话**

妈妈太过分了，我只是弄破了一本杂志啊，以前我弄破了杂志妈妈从来没有发过这么大的火啊，妈妈今天怎么了，妈妈好不讲道理，妈妈是个坏妈妈，妈妈不爱我，以后我也再不爱妈妈了！

## ？父母应该怎么办

其实，像这样的例子屡见不鲜。现在的父母压力都很大，要承担工作和生活的双重高压，有时难免出现烦躁、苦闷的情绪。有的父母在外面受了气，就会把气发泄在孩子身上。孩子很多时候根本不明白爸爸或妈妈到底遇到了什么样的问题。

孩子因父母不断地朝自己转嫁不良的情绪而感到压抑，身心发展扭曲，进而形成自卑、自闭的性格。这些因后天因素不良而带来的遗憾，往往令父母备受打击。因为，孩子对成人的情绪是十分敏感的，父母发脾气，也一定会影响到孩子的行为和情绪。因此，父母要从自身做起，把握好自己的情绪，不把夫妻之间的矛盾、工作中的烦恼或大人之间的问题，以极端情绪化的方式转移给孩子。

如果面对孩子，父母的无名火真的上来了，那就要赶紧离开孩子所在的环境，到厨房去冷静一下，或者到外面去走走。总之，环境的转化可以让父母的怒气得以平息，避免对孩子造成无辜的伤害。

如果父母一旦情绪失控伤害了孩子，那么，及时向孩子道歉是非常必要的。比如真诚地告诉孩子，这不是孩子的错，而是自己当时坏情绪的一种发泄，并向孩子保证，以后一定会多注意。同时，也可以教孩子一些方法，比如告诉孩子："你如果看到妈妈不高兴，暂时不要和妈妈说话，妈妈需要安静一会儿。"这样一来，孩子就可以避免无端撞到枪口上了。也可以教孩子一些积极的还击方法，比如问"如果爸爸再冲你发脾气，你可以问，爸爸，您真的是在生我的气吗？"相信孩子真诚的提醒，会让你恢复理智，停止对孩子的伤害。

当今社会竞争越来越激烈，每个人都面临不小的工作和生活压力。尽管压力需要一个宣泄渠道，不愉快需要一个释放出口。但孩子绝不是父母压力宣泄的渠道、不愉快释放的出口，孩子绝不应成为出气筒。孩子正处于生长发育阶段，生理及心理都非常脆弱，反抗的力度也不够，正是需要保护和正确教育的年纪。父母不如意、不顺心，就拿孩子出气，只能对孩子造成难以估量的生理及心理创伤，影响其健康成长。有太多的案例，家庭不和，父母总是把情绪迁怒于孩子，最后导致孩子离家出走或走上不归路。悲痛的结局是没有后悔药吃的。

# 爱比玩具重要，再忙也不能不管孩子

欣欣的爸爸妈妈总是忙于工作，很少在家陪伴欣欣，就算是晚饭过后的那些时间，他们也都在忙于工作，不去和欣欣交流。

欣欣总想让妈妈陪她玩，可是每当欣欣去找妈妈玩的时候，妈妈总是推脱："找爸爸陪你，妈妈要工作。"当欣欣找爸爸的时候，忙于工作的爸爸就对她说："找妈妈陪你玩，爸爸正在加班呢，我得努力工作才行，要不怎么给你买玩具呢？"就这样，欣欣总是被爸爸妈妈推来推去，于是就只能一个人看电视、玩玩具、看小人书了。

有一次，学校开家长会，妈妈从老师那里得知最近欣欣学习不太认真了，而且性格也有点孤僻。老师说这种状况的出现可能是父母对欣欣的关注太少。妈妈听后，认真地反思了一番，开完家长会回到家的第一件事就是陪欣欣一起聊天、做游戏，那一天妈妈、欣欣都高兴极了，她们都感觉到自己从来没有那么快乐过。

 **孩子的心里话**

虽然我很喜欢玩具，可是一个人玩玩具有什么意思呢？我想让爸爸妈妈陪我一起玩，那才有意思呢，可是他们总是那么忙，不陪我玩。不过，爸爸说得也对，他不忙着工作又怎么能有足够的钱给我买玩具呢，可是有的时候，我真的很想用玩具来和爸爸妈妈作交换，让他们陪我好好玩一次。

### ❓ 父母应该怎么办

不少父母总认为，给孩子买各种各样的玩具，不仅能开发孩子的智力，而且又受到孩子的喜爱。其实，这并非绝对，有时候，父母的爱比玩具的作用更为重要。

很多年轻的父母都非常注重孩子的早期发展，一方面，父母希望给孩子创造一个良好的发展空间；而另一方面，他们又苦于工作繁忙而没有更多的时间陪伴孩子一起游戏，于是，都不约而同地想到了玩具。父母精心为孩子挑选了适合他们各个年龄段发展的各种各样丰富的玩具，有的甚至还为孩子设置了专门的玩具屋、儿童房，希望孩子有了玩具的陪伴，就不再寂寞了。可是没有想到的是，父母们自以为万事大吉了，可给孩子成长造成的损失却不可估量。

虽然玩具在孩子的成长过程中起着十分重要的作用，但玩具不是万能的，它没有生命，也没有感情，无法替代父母和孩子之间的交流，更无法替代父母对孩子的爱。让玩具完全承载父母或者保姆的责任，可能会直接耽误孩子的发展进程。

父母要适当地抽出时间陪孩子一起玩玩具，用充满爱和友好的语气回答孩子的问题，而不是用冷淡的语言或手势搪塞孩子，更不能因为借口忙而对孩子不理不睬，或者将孩子丢给玩具去"照料"。同时，父母在和孩子一起玩玩具的过程中，也要给孩子提供探索的机会，而不是一味地包办代替。同时，也要注意让孩子学会独处，学会独自玩耍并操作玩具，这可使孩子在独处中不断内化自己的行为，在成长中，不断增强自己的自理和自立能力。

# 16

# 不能对孩子要求过高

情景再现

　　龙龙今年11岁,上小学四年级。他的性格很内向,很少主动与同学们讲话。最近一段时间,他与同学们的来往更少了,学习成绩也直线下降,还出现了悲观孤僻等与他年龄段不相符的坏情绪。每天在勉强完成作业后,他就把自己关在家里什么也不想干。

　　到底是什么原因导致龙龙出现这种情况呢?其实,问题就出在龙龙的父亲身上。龙龙的父亲也很内向,很少与人交往,工作也一直不太顺利。因此,他把自己全部的期望都寄托在了孩子身上,他对龙龙说得最多的一句话就是:"你一定要为爸爸争口气呀!"

　　龙龙父亲对孩子的学习成绩相当看重,每天龙龙回到家中,他就要求孩子去写作业,严格限制孩子玩的时间,并且禁止龙龙与同学交往。在父亲严格的管教和巨大的学习压力下,龙龙怎么也提不起兴趣来学习,成绩下降就是理所当然的事了。

 **孩子的心里话**

　　爸爸上班挣钱供我读书很不容易,他对我寄予了那么大的期望,我一定不能让他失望。昨天傍晚,我还看见他又在为单位上的事烦心了。他虽然没有告诉我和妈妈究竟发生了什么事,但他一定很难过,所以我更要听他的话,好好学习,为他争气,让他开心起来。

### ❓ 父母应该怎么办

望子成龙，望女成凤，几乎是每个家长都有的心理。因此，对孩子的期望值过高，是目前家庭教育比较普遍存在的现象。

对孩子期望值高，不能说一点积极的意义都没有，但对于大多数孩子来说，消极作用常常大于积极作用，造成的负面影响主要有：

#### 1.给孩子造成沉重的压迫感

有些父母，孩子三年级就定下了目标，一定要考上清华；有些父母，不管班级情况怎样，就要求孩子在班级必须多少名，在年级必须多少名。甚至有些父母居然说："我不管怎么样，你必须每门学科不能低于90分。"或许有部分孩子在这样的激励下，真的能够达到目标。但对绝大多数的孩子来说，在父母沉重的期望压力下，就如背着沉重的包袱登山，很难有理想的效果。

#### 2.给孩子造成沉重的挫折感

期望值过高，孩子的学习过程就很难享受到学习成功的快乐，因为不管他怎样努力，不管他取得怎样的进步，都会离爸爸妈妈的期望有一段差距。孩子经常有挫折感。而这种沉重的挫折感会严重伤害孩子的身心。这样既不能让孩子享受到学习的快乐和生活的快乐，也会影响他们学习的效果和自身学习能力的发挥。有些本来能够学得比较轻松的孩子，也会因此使学习潜能得不到充分的发挥。

#### 3.给孩子造成严重的自卑感

在对孩子的教育中，让他们经受一定的挫折是可以的。但长期的、过度的挫折，无疑会造成孩了的自卑。过高的家长期望，会使孩子觉得自己无能、蠢笨，大多数孩子也会因此失去学习的信心和热情，进而影响到他们在集体学习中的表现，影响到他们的人际交往。

那么应该怎样给孩子一个适当的期望值呢？

家长对孩子的期望要针对孩子的特点，针对孩子的资质，这样才有利于孩子成长。可是很多家长一开口就是别人的孩子怎样怎样，班上某某同学怎样怎样，"我"当年怎样怎样，这种简单的对比，非常有害。别人是别人，为什么要和别人一样呢？

毫无疑问，过高的期望值对孩子的成长必然有害。而适当地提高期望值对孩子的成长则是有一定意义的，关键是要把握好分寸。那么，什么样的期望值才是适当的呢？不妨借鉴苏联教育家维果茨基提出的最近发展区理论。他的研究表明：教育需要确定儿童发展的两个水平，一是已经达到的发展水平，另一个是儿童可能达到的发展水平。这两种水平之间就是"最近发展区"，贴近"最近发展区"开展教育，就能加速学生的发展。

另外，期望值的重点内容要变化。小时候可能更多的是关注孩子生活习惯和品行养成，稍大一点可能关注的主要是学习的热情和习惯，再大一些可能更关注学习的方法和人际交往能力。还要根据不同的环境变化要求孩子。在小学希望孩子能在班级中成为优秀的，初中进入了一个更优秀的班级，可能只要他成为中上者，而高中如果进了一所重点中学的重点班，或许只要他能够跟上班级的整体水平就可以了。随着孩子自身情况的不断变化，父母对孩子的期望值也应不断调整。孩子的成长和发展是动态的，身体、能力、心理等许多因素都在不断地变化，甚至有时候还会出现一些意外的情况。这时候，父母一定要调整自己的期望值。常常听到一些父母说："孩子到今天这个地步，是我们无论如何不能接受的。"其实，孩子在成长过程中不管出现什么情况，作为父母，都应该接受。

# 第三章　好习惯，
# 帮助孩子培养责任心

# 17

# 教孩子收拾玩具，能让他做事有规矩

情景
再现

"妈妈，我的变形金刚在哪儿？"虎子大声问。

"我怎么知道，就在你的房间，你自己找找看。"虎子妈妈正忙着做饭，哪有时间去管他。

虎子就开始翻箱倒柜。玩具箱、衣橱、书桌、床底下，一股脑儿翻了个遍。最后终于在卫生间的洗澡盆旁边找到了。这时虎子才想起来，是昨天洗澡时扔在那里的。

妈妈做晚饭出来一看，顿时傻眼了，昨天刚把虎子的房间整理好，现在又乱七八糟了。刚才找变形金刚，虎子到处乱翻，翻完也不收拾，还扔得满地都是，整个房间就像一个狗窝。

"为什么你用完东西后不放好呢？"妈妈很生气地说。

"忘了，明天你再帮我收拾吧。"虎子嬉皮笑脸地说。

"那你今天怎么办？"

"我啊，就在这个狗窝里委屈一晚上吧！"

**孩子的心里话**

妈妈会替我收拾的，而且妈妈收拾得又快又好，我收拾得又慢又乱，那为什么还要自己动手呢！而且很多玩具我等一下还要玩的，现在收起来，一会儿又要取出来，多麻烦！

### ❓ 父母应该怎么办

在幼儿园中，人们常常可以看到孩子在教师的一个口令或一段音乐下，大家齐心协力，很快就将玩具收拾好并摆放整齐了。每当这时，许多父母会抱怨，孩子在家可不是这样。让孩子收个玩具比什么都难，玩起来却丢三落四的。新玩具没几下就四分五裂了。种种不良表现都充分地暴露出一个问题：孩子并未养成良好的玩玩具的习惯。

可千万别小看了这些不良的行为习惯。长时间的滋长会影响孩子今后人格的形成和发展。比如说，孩子不愿意收玩具会发展成为好逸恶劳、没有责任心。又如孩子玩玩具乱扔乱摔会让孩子养成做事大手大脚，不珍惜他人的劳动成果的习惯。反正摔坏了家人还会给我买新的，玩完后总有人会来收。长此以往就不单单是什么行为习惯的问题了，而是上升到道德的层次了。

#### 1.培养孩子玩玩具后自己收拾好的习惯

（1）从思想上教育孩子该怎样玩玩具

要教育孩子玩具要轻拿轻放，不要乱扔乱摔。玩具不可以丢三落四，要尽量放在一堆。不想玩时，要自己整理玩具，养成物归原处的好习惯。还要让孩子知道为什么要这样做，这样做有什么好处，如不这样玩会受到什么处罚等。要让孩子知道玩具来之不易，是父母辛辛苦苦赚钱买回来的。

（2）教会幼儿如何整理、归类，知道正确的摆放方法

很多情况下，孩子是不知道该如何做或是清理时遇到困难而放弃的。因此，刚买回玩具时，父母要告诉孩子怎样还原和具体的摆放位置，以方便下次取用。必要时父母可以给予适当帮助。

（3）适当帮助孩子

面对刚刚学习整理玩具的幼儿，父母可以以朋友的身份和态度，以游戏的方式和孩子一起收。让孩子感到不是一种压力，而是愉快的游戏过

程。"比比谁快？""看谁整理的好？"这都会极大调动孩子参与的积极性。事后给予孩子一定的表扬和奖励也会促进孩子好习惯的培养。相反，面对已经养成不良习惯的小朋友，父母也不要着急。可以先和孩子约法三章，规定如果不能自己收下次就不能玩了。或拒绝给孩子增添新玩具以示惩戒。

**2.培养孩子做事的条理性**

（1）让孩子有规律地生活

父母可以根据孩子的年龄特点和家庭条件，把孩子每天起床、睡觉、做游戏、看动画片等的时间都相对地固定下来，然后严格按照时间表行事，使孩子对时间安排的条理性建立起基本的概念。

（2）为孩子树立好榜样

父母不妨打开自己的衣柜看一看，里面的衣服是收拾得井井有条，该挂起的、该折叠摆放的、该分类收纳的，都归置有序，而且衣柜空间都得到了充分的利用，还是衣服胡乱堆放起来，想要找一件什么的时候需要翻好半天，而且很多空间其实没有被好好利用起来，衣服却总不够地方放？再举一个例子，喜欢收藏书、杂志或者CD的父母，你们的书架和CD柜里，有简单的分类摆放策略吗，还是就随意那么一塞？这些都是条理性在日常生活中的表现。

（3）培养孩子学习中的条理性

现在，很多父母都会不厌其烦地陪伴孩子做功课，督促他们，可是有些时候却收效甚微。父母和孩子都对此备感无奈。如果孩子能具备较好的学习习惯和学习方法，懂得安排好做功课的时间和玩的时间，也懂得根据功课的难易程度分配不同的时间段，学习起来就会轻松很多。而且同样的习惯和方法对孩子长大以后在工作中的表现也很重要。

# 18

# 放养孩子，示范在先，表扬紧相伴

情景再现

妈妈和儿子坐在公交车上，途中上来一位老爷爷，妈妈连忙起身让座。过了一会儿，一位抱着小婴儿的阿姨上车了，还没等大家反应过来，儿子就跳下座位叫道："阿姨，您和小宝宝坐这儿吧！"妈妈见了，朝儿子竖起了大拇指，儿子也高兴地朝妈妈竖起了大拇指，母子两人看着小婴儿扑闪扑闪的大眼睛，会心地笑了。

## 孩子的心里话

妈妈做了一上午的家务活，一定累坏了，好不容易公交车上有座位，可是看到老爷爷驼着背，站也站不稳时，妈妈毫不犹豫就把自己的座位让给了老爷爷。车上好多人都朝妈妈投以赞许的目光呢，我的妈妈真了不起！我也要做一个和妈妈一样爱护老人小孩、被大家尊重的人。

## 父母应该怎么办

这里所谓的"放养"，并不纯粹指空间上的放养，而是一种心态放养，一种让孩子心灵自由飞翔的努力和付出。今天，放养的真谛在于：尊重孩子的自主性，为孩子提供成长的空间，并且相信孩子有自己做事的能力，相信他们有能力面对挫折和失败，有能力解决在与同伴交往中发生的问题。

"印刻效应"告诉人们，人在幼年时期，父母与环境对其身心产生的影响远比人们想象的要深。父母的行为比他们的言语更有说服力。假使父母嘴上说，责任心很重要，但他们对自己、对家庭、对社会不负责任，那么孩子学到的就是父母的行为而非言语。因为在小孩子的心目中父母是最强大的、无所不能的权威，日常生活之中当孩子遇到其认为的危险情境时，总是往大人后面躲。受到了别人的欺负也总是寻求爸爸妈妈出面摆平。当孩子开始步入学习知识与信息的时期，他们通过观察父母的行为举止进行模仿学习。可见，父母对于孩子来说，是多么的重要。此时，父母的一举一动都潜移默化地影响着孩子。

### 1. 父母该如何为孩子树立榜样

（1）处处严格要求自己

现代教育家陈鹤琴说："做父母的不得不事事谨慎，务使己身堪有作则之价值。"父母不管做什么，不管有意无意，对孩子都是榜样。孩子最善于模仿，父母如果不注意自己的小节，言行举止不当，很容易给孩子造成负面的影响。

（2）欲正人，先正己

就是说，父母要求孩子做到什么，自己首先要做到。一个言而有信的父母才能培养出讲诚信的孩子，一个邋里邋遢的父母也很难培养出喜好整洁的孩子。无论做人、做事还是学习、生活，都应该先用同样的要求去要求自己，再去要求孩子。否则，让孩子做好这做好那，自己却得过且过，孩子怎么会愿意听父母的话呢？

（3）身教重于言传

很多时候，孩子更愿意看看父母是怎么做的，而不是听父母说。因此父母最好少说多做。父母做了什么比说了什么更重要。比如要教育孩子诚实，父母首先做一个诚实的人，比说一千遍、一万遍的大道理有用得多。

父母身体力行，做一个品格高尚的人，再也没有比这更重要的事情了。

榜样的力量是无穷的。最近距离、最直接的榜样就是孩子的父母。孩子身上的优点、美德是父母给的。同样，孩子身上的一些不良习惯父母也难辞其咎。

### 2.表扬孩子要讲方法

（1）不要吝啬你的表扬

尤其是对年龄小的孩子，父母常用成人的眼光去看待孩子的行为，认为没有几件事是值得表扬的。其实，对于年龄小的孩子做好一些"简单"的事已经很不容易了。而良好的习惯和惊天动地的成绩就是由这些"简单"的行为累积成的。因此只要有助于培养孩子良好的习惯，增强自信心的行为，父母就要慷慨地给予表扬，年龄愈小表扬愈多，随年龄的增长逐渐提高表扬的标准。

（2）表扬要及时

对应表扬的行为，父母要及时给予表扬。否则，孩子会弄不清楚为什么受到了表扬，因而对这个表扬不会有什么印象，更提不到强化好的行为了。因为在孩子的心目中，事情的因果关系是紧密联系在一起的，年龄越小，越是如此。

（3）表扬要具体

表扬得越具体，孩子越容易明白哪些是好的行为，越容易找准努力的方向。例如，孩子看完书后，自己把书放回原处，摆放整齐。如果这时父母只是说："你今天表现得不错。"表扬的效果会大打折扣，因为孩子不明白"不错"指的是什么。父母不妨说："你自己把书收拾得这么整齐，我真高兴！"一些泛泛的表扬，如"你真聪明"、"你真棒"虽然暂时能提高孩子的自信心，但孩子不明白自己好在哪里，为什么受表扬，且容易养成骄傲、听不得半点批评的坏习惯。

（4）表扬要看见过程

孩子常"好心"办"坏事"。例如，孩子想"自己的事自己干"，吃完饭后，自己去刷碗，不小心把碗打破了。这时父母不分青红皂白一顿批评，孩子也许就不敢尝试自己做事了。如果父母冷静下来说："你想自己做事很好，但厨房路滑，要小心！"孩子的心情就放松了，不仅喜欢自己的事自己做，还会非常乐意帮父母去干其他家务。因此只要孩子是"好心"就要表扬，再帮他分析造成"坏事"的原因，告诉他如何改进，这样会收到较好的效果。

（5）把夸奖当"预防针"

夸奖不仅仅是事后对孩子的肯定，有时候在预见到孩子对某些事情可能有抵触时，可以事先夸夸孩子，用表扬来打预防针，可能会有意想不到的"疗效"。演员宋丹丹在新书《幸福深处》中就有这样一段：

有一次儿子巴图生病，我对小阿姨说："我发现巴图和别的小孩儿不一样，别的小孩儿吃药都哭，可他从来不哭，他不怕吃药。这一点他和别的小孩儿真的不同。"然后我把中药端给他。他捧着碗，烧得红红的小脸一副紧张的表情，闭着眼睛一口气就把药喝下去了。我们大家都赞不绝口。从那次起，多么苦的药他都不怕。

（6）纵向比较，不攀比

用发展的眼光看待孩子，只要细心观察，每天都会发现他进步的地方。纵向比较孩子自身的进步，而不要拿别的孩子最优秀的方面作为参照物，与孩子横向比较。这并不是对孩子放低标准，因为那样比是不客观不现实的，除了打击孩子的自信心之外，不会有更好的作用。通过客观比较，在发现不足的同时，也要肯定优点，这样才不会偏颇，孩子才会信服。这样才能在保持信心的同时激发他向上的动力。

（7）表扬和鼓励时要注意孩子的个性

对性格内向、个性懦弱、能力较差的孩子就要多肯定他们的成绩，增强他们的自信心。反之，对虚荣心理强、态度傲慢的孩子则要有节制地运用表扬，否则将会助长他们的不良性格，影响他们的进步。

# 别给孩子贴标签

情景再现

上幼儿园前，豆豆是一个特别不爱收拾玩具的孩子，可自从上了幼儿园以后，为了争取早日佩戴上小红花，豆豆逐渐学会了自己动手整理玩具，并且回到家后还要给妈妈表现一番。此前每天都要给豆豆收拾一大箱子玩具的妈妈觉得非常高兴却又难以置信。这不，豆豆妈妈今天下班回来就见豆豆的玩具又胡乱摆放在地上、沙发上了，不由得叹了一句："小邋遢虫！"豆豆在一旁听了心里特别不开心，"只是一次没收拾，就是邋遢虫吗？在妈妈眼里，我还是以前的那个邋遢虫……"

孩子的心里话

今天和小朋友们一起上劳动课真累呀，这些玩具要不还是明天再收拾吧？一次不收拾妈妈不会怪我的，一次不收拾也不能表示我不是好孩子呀！

## ❓ 父母应该怎么办

说到给孩子贴标签，那父母首先要了解心理学上的"贴标签效应"。

贴标签，顾名思义，像对商品定价贴标一样，给一个人，以一个关键词作为定义，将他的性格行为规范在一个小方框中。而当一个人被一种词语名称贴上标签时，他就会作出自我印象管理，或使自己的行为与所贴的标签内容相一致，或产生一定的自卑、沮丧心理。这种现象是由于贴上标签后引起的，故称为"标签效应"，其实也是心理暗示的一种。

而性格还未定型的孩子，如同一张白纸，父母将白纸裁剪出了一个形状，贴上了一个标签，很容易对他们的目前暂时的不良行为进行强化，甚至定型。很容易不自觉地对眼前看到的一切，用以往的标准和经验去给予解读和定义，而非深思其行为的源头，这将导致孩子的性格成长出现更多的问题。

父母最容易给孩子贴上的标签有"邋遢"、"懒惰"、"胆小羞涩"、"认生"、"爱撒谎"、"自私"、"不爱学习"、"问题孩子"等等。很多时候父母热衷给孩子下一个又一个定义，但却没有仔细地思考一下孩子这些行为表现背后的含义和源头。孩子为什么会这样胆小？为什么撒谎？为什么不喜欢将玩具分享给别人？孩子的学习爱好是有方法来引导培养的，每一项表现和改变都是有原因的。

比如"胆小"、"认生"，是很多孩子都会经历的心理阶段。这个时候父母不要在孩子或朋友的面前格外强调这一阶段的特性，让孩子在潜意识里加强这个概念，而是应该用实际的方法帮孩子解决。多带他和陌生人接触，多出去玩，认识新的小朋友。让他觉得陌生人没那么可怕，渐渐地就会变得开朗起来。

有些孩子所谓的"自私"其实是孩子特定年龄段的本能反应。比如，两岁左右的孩子不愿意和别的孩子分享玩具、零食、书籍，自己的东西不让别人碰一下。这时的"我的"只是孩子个人成长必经阶段的特征，而并非"自私"。这个阶段父母只要对其进行正确的引导，就完全可以造就孩子良好的品质习惯。除此情况之外的"自私"现象的发生，只要父母用适当的方法来引导，也是可以改变的。

这些实际行为，都比一个标签有用得多。要知道，给孩子贴了标签，除了展示错误之外，完全没有实际性的作用。只有父母的引导行动，才是解决问题的关键。

孩子在生长中的某些阶段，的确会出现一些不好的行为习惯，而这些情况都不是固定的。不要用语言、标签来强化这种负面习惯，而是给孩子发展变化的空间，才是孩子最需要的。

有的父母会觉得这一切并非是给孩子贴标签。"我也知道这种说法对孩子不公正，但我只是想对他使用激将法，让他向上。"但父母往往忘记了，自己的孩子还处于无法判断父母给的评价是否公正的年龄段，他依赖信任于父母，经常对父母的说法深信不疑。尤其是0至3岁的孩子，还不具有很高的独立性，因此无法产生使用激将法的效果。

而且，孩子的心灵是幼稚而微妙的。父母给他贴了标签，他感觉难过的同时也许会产生逆反心理，"你说不好我就要这样做"，甚至变成了孩子坚持不良行为的一个理由："我学不好是因为我笨"，从而加强了这一行为。

以上这些，并不是不让父母指出孩子的缺点，或一味地表扬。而是要提醒父母要对孩子说："这件事你做错了，现在的情况是不好的。但并非不可改变，只要宝宝和爸爸妈妈一起努力，你是可以改变的。"这样才会让孩子感受到，父母对他此时的评价并非是一个冷冰冰的标签，而是客观公正的评价。

# 父母要做"好榜样"

林女士下班回到家，感觉很累，她摊开双手，躺在沙发上，脱掉高跟鞋，将双脚搁在茶几上。小女儿跑过来，也爬到沙发上，学着她的样子，摊开双手，靠在她的怀里，踢掉鞋子，将小脚搁在茶几上。林女士一看女儿的模样，感觉有些不雅，教训道："女孩要有女孩的样儿，你怎么能把脚搁在茶几上呢？难看死了！"

女儿说："你不是女孩吗？你可以搁，我为什么不行？"

林女士脸红了，无言以对。

## 孩子的心里话

妈妈总是教育我要认真做作业，她却可以在外面打麻将；她总是教育我不能任性、不能乱买玩具，她却买好多好多的化妆品呢；她还不许我把脚搁在茶几上，说这样难看死了，凭什么她的脚搁在上面就不难看啊？

## 父母应该怎么办

父母是孩子的第一任老师。父母对孩子的教育，足以影响孩子的一生。为人父母者，着实不易。俗话有云，正人先正己。想要教育好孩子，就要一身作则，给孩子做一个好榜样。

家庭是最容易表露出习惯的环境，大人的习惯对孩子的影响，不仅是

59

指孩子对父母的行为进行模仿，更重要的是父母的习惯会潜移默化地影响孩子的观念，久而久之，使孩子也养成这种习惯。

成人的言行不能一致，孩子自然不会乖乖听话；成人无法接受孩子从外界带来的新观点，孩子也会不知所措。美国的研究人员说，认为自己只靠说教而不以身作则就能教育孩子养成良好习惯的父母是在自欺欺人。

很多父母都爱对孩子说大道理。社会学家于海教授说，道理其实是非常复杂的，道理也未必真的能支配人的行为，否则的话，恐怕世上会出现很多完美的、全能的人。道理更不为孩子所理解，他们还没有理解道理的资历。这也就是说，只有日常的、潜移默化的、直观的事物才容易被孩子接受，这其中，习惯教育是最容易被接受的教育。如果父母一边要求孩子好好学习，一边却自己打着麻将，那教育的效果可想而知。因此，以身作则，才是家庭教育中的关键。

### 1.言行不一，说教无力

对于孩子来说，他们的是非观念尚未牢固形成，只要父母的行为稍稍偏离轨道，孩子对于事物的正确认识就会立刻产生动摇。因此，当自己的坏习惯在孩子面前表露出来时，承认错误应该是个不错的选择。

### 2.尊重他人，从说话做起

虽然孩子上学以后会经常在学校，与家长在一起的时间也短了，但是在孩子心里，父母始终是自己最重要的老师。孩子虽然不会明确地表达自己要向父母学习，但是父母的说话方式以及对待周围人的态度会潜移默化地影响到孩子，甚至会引发孩子对父母的信任危机。身为父母，首先要注意自己对配偶的说话方式，如果经常发牢骚、指责甚至辱骂对方，就会对孩子产生负面影响：原来自己的父母是这样的人！反之，如果能随时看到对方的优点并且赞美对方，孩子也会成为心中充满爱的人。

### 3.放下架子，改掉陋习

在许多中国家庭中，父母习惯占有和支配孩子，这就造成了家庭里的不平等关系；父母对孩子的占有观点，会阻碍孩子自信心的建立，也会让孩子失去自主性。

由于父亲和母亲本身就来自于不同的家庭，所接受的教育不一致，他们所秉持的教育态度与教育方法也不尽相同。因此，夫妻双方在相互沟通时，或与孩子沟通时，一定要注意放下架子，互相尊敬。

### 4.明确分工培养孩子的团队意识

女主内男主外是传统意义上的中国式婚姻，但是在孩子看来，这样的分工有点太专制了。他们会纳闷：为什么爸爸从来不做家务？为什么所有的家务都是妈妈一个人做？这会让孩子感觉到这个家是妈妈一直在孤军奋战。每个家庭成员都应该承担起照顾家的责任，如果妈妈洗碗的话，爸爸就应该倒垃圾去，或者辅导孩子的功课，每个人都参与其中的做法可以让孩子有自我价值的意识和团队合作的概念。

### 5.吵架也要有学问

婚姻中难免也会有争执。下一次再要发火时，就把它当成一次教育孩子的良机，教孩子如何以善良和自信对待不同的意见和做法。如："我知道你这样做可能感觉不错，我也在尽力理解你，但我也得有机会说说我的不同意见。"如果家庭战争最终还是爆发了，该怎么解决？是摔门，躲在角落里哭，还是干脆回娘家？这时，父母的任何处理方式都可能会成为孩子将来效仿的对象。要想让孩子将来学会稳重、镇定，首先从父母自身做起，以理智、自信和善良来对待生活中的矛盾。另外，吵架过后还要注意真诚向对方道歉。道歉是弥合伤口的良药，让孩子看到父母间的冲突，随后和解、修复的过程非常重要。这种认知会伴随孩子日后的生活，并指导孩子更妥善处理自己遇到的问题。

总之，家庭是孩子成长的温床，父母的言行对孩子的影响至关重要。父母都要时刻牢记，自己的一举一动都在潜移默化地影响着孩子的成长，做孩子的好榜样，你的孩子才会成龙、成凤。

# 让孩子为过失行为负责

**情景再现**

夏天来了，各式各样的冰激凌上市了，果果每天都要吃一次冰激凌。后来，因为嘴馋，她便要求妈妈每天准许她吃两次冰激凌。妈妈告诉她，冷饮吃多了会不舒服，但她仍然不依不饶。于是，妈妈便准许她每天吃两次。

一个星期之后，她开始出现咳嗽、流鼻涕的症状，还吐了两次清水。她告诉妈妈自己很难受、不舒服。妈妈带她去医院。医生告诉果果，这正是冰激凌吃多了的后果。从那以后，果果主动约束自己，每天只吃一次了。

 **孩子的心里话**

以前妈妈说冷饮吃多了会不舒服我还不信，这次可是真的体会到冷饮吃多后有多么难受了，早知道，我就应该早点听妈妈的话了。

**父母应该怎么办**

俗话说："吃一堑，长一智。"世界上"吃一堑"的人很多，但有的长智了，有的却没有。这是为什么呢？是因为没有让当事者为自己的错误承担责任。每个人都会犯错误，别说是小孩子，就算长大成人了，也还是会犯一些错误。人无完人，犯错误本身是很正常的，尤其是在成长的道路上，有些错误是可以包容原谅的，但有一条原则人们应该坚持：必须为所犯的错误承担后果！

孩子由于年幼缺乏知识和经验，经常会造成一些过失，比如，贪吃冰激凌导致肚子疼，一不小心打碎了物品，一时冲动伤害了别人，粗心大意造成了麻烦等等，这些都毫不奇怪。但父母需要注意的是，必须要教育孩子懂得他们自己的一些举动会造成的后果，并逐渐培养他们的责任感。

类似这样的事，人们在生活中时常能见到。父母这样处理，对当时的孩子也许能起到一点安慰作用，但从长远的眼光来看，这样的事情经历过几次之后，孩子就会产生这样的心理：磕了、碰了，忘了什么东西，都是别人不好，我是没有责任的。孩子一旦有了这样的心理，慢慢地他就会成为一个没有责任心的人。具有责任心是做人的一个基本的素质，每个人在不同的年龄阶段都应分别承担起对自己、对家庭、对集体、对祖国、对人类的不同层次的责任。一个人的责任意识要从小培养。父母不能因为孩子小，不让他去承担本应由孩子承担的责任。

有些父母认为孩子还小，还不懂事，做错了事没关系，对孩子不妥的行为姑息迁就，把责任扛到自己的肩上，以为这样问题就解决了。久而久之，孩子做了错事会若无其事。在日常生活中，如果孩子做错了事情，父母就应该鼓励他们勇敢地承担责任。

对自己负责，就是让孩子处理自己的事情，并承担其后果。这样做的目的就是要克服孩子的依赖性，培养起独立性，也就是让孩子独立思考问题、独立解决问题、独立去处理自己应做的事。

在家庭生活中，父母可以适当分配孩子做一些力所能及的家务，当然，在刚开始的时候父母还需要对孩子进行一定的帮助和监督，但必须让孩子明确，这是他自己的事，而不是别人的事、父母的事。

只有让孩子懂得自己的行为将会产生什么后果，他才能逐渐学会对自己的行为负责。在现实生活中，父母要试着把孩子生活中的每一项责任都放到孩子自己的身上，让孩子自己承担。

比如，当孩子遇到麻烦的时候，父母应该说："这是你自己选择的，你想想为什么会这样？"而不要对孩子说："你已经努力了，是爸爸没有帮助你。"虽然只是一句话，却反映出了观念的不同。如果父母无意中帮助孩子躲避、推卸了责任，孩子将会认为自己无须承担责任，这对他以后的人生道路也是很不利的。

# 教育孩子喜新不厌旧

**情景再现**

晨晨的爸爸经过儿子的小房间时，突然瞥见晨晨从前最爱的变形金刚被扔在门口的小垃圾桶里，不禁皱了皱眉头，把玩具捡了起来。

第二天，晨晨一起床就发现垃圾桶里的旧变形金刚突然不见了，一只小坦克躺在里面。晨晨欢喜地将小坦克拾起来，怎么瞧也瞧不够。

爸爸佯装惊讶说："你不是要扔吗？怎么又拿回去了？"

晨晨这才发现，原来是爸爸让变形金刚变成坦克了！

**孩子的心里话**

爸爸真厉害，能把变形金刚变成小坦克！我要把所有不要的旧玩具都给爸爸，让他给我变成好多新玩具！我还要向爸爸学习把旧玩具变成新玩具的办法，以后我每天都可以有新玩具喽！

### ❓ 父母应该怎么办

现在好多孩子都是家庭中的掌中宝，独生子女。不但有父母的现代教育呵护，还有老一辈的爷爷奶奶的溺爱。很自然，家庭中的玩具必然非常的多，据有关数据统计，一个孩子一年中，大概会买24至50个玩具。不少消费水平较高的家庭有可能超过这个数目。

孩子在不断地成长发育，智力也在增长，随着时间推移，很多时候，玩具也会被淘汰。这是必然的结果。但是父母不能因为玩具的短暂寿命而不给孩子买新玩具。不同的阶段，孩子必须要玩对应年龄的玩具，否则容易阻碍孩子的智力发展。那么对于旧玩具，父母该怎么处理呢？不妨试试下面的办法：

#### 1.让玩具过冬

一些没有完全过时的玩具，不妨清洗干净，让玩具进入一个玩具大型箱子里面过冬，这样孩子见不到旧玩具，待时间长了，再拿出来，孩子会别有一番兴奋和冲动去玩这些玩具。

#### 2.送给偏僻的灾区

如果家庭中玩具数目比较多，确实是不太适合孩子玩了，扔了又可惜，不妨通过社区的联系，捐助给灾区家庭的儿童，让他们也有一个充满乐趣的童年。

#### 3.送给隔壁的邻居

如果你的邻居、朋友家庭有孩子，比你家孩子的年龄稍微小点，那么不妨把不玩的玩具送给他们，这样不但增加了你们家庭之间的情感友谊，还可以通过这些行为教育孩子学会与别人分享礼物，培养孩子的高尚品德。

### 4.学校活动消化

不少的幼儿园活动、小学活动中，一些老师会定期组织一些买卖活动，这些活动由父母跟孩子自由组织，把旧玩具、旧童话书拿出来，贴上非常低廉的价格在园内进行一个所谓的买卖。让孩子尝试购买他们所谓的新玩具，这样可以提高孩子的社交能力。

### 5.玩具改造

可以通过分析归类，把一些有用玩具拆开来，比如把两个机器人拆开，组合成一个新的玩具。这样既可以增加玩具的寿命，也可以提高孩子的动手能力。

此外，父母在为孩子改造旧玩具的同时，还应充分培养孩子们的动手能力。苏霍姆林斯基曾说："手是思想的镜子，是智力才能发展的刺激物，是意识的伟大培养者，是指挥的创造者。""幼儿的智慧在他的手指尖上。"心理学家也一致认为手指是"智慧"的前哨。手的活动能促进大脑的发育。当幼儿双手活动时，指头上的神经细胞会随时将信息传到大脑，因而加强孩子手的活动能开发大脑潜在机能。同时，对孩子来说，手是他们认识事物，探索世界的重要途径，关系到孩子方方面面的发展。孩子的手越巧，脑子就越聪明。故从小培养孩子的动手能力非常重要。

父母们不妨试着从以下几个方面着手提高孩子的动手能力：

（1）在美术活动中锻炼幼儿的动手能力

美术活动作为培养孩子各种能力促进幼儿智力发展的重要手段，已为人们普遍认识和重视。幼儿的绘画、泥塑、剪纸、撕纸、折纸及废旧物利用，手编、布工等丰富多彩的美术活动，无一不是在手的协调操作下进行的。

（2）在游戏活动中培养孩子的动手能力

游戏是孩子运用智慧的活动，在游戏中孩子的感知觉、注意、记忆、思维、想象都在积极活动着，孩子不断地解决游戏中面临的各种问题：这使幼儿思维活跃起来，有力地促进孩子的注意力、记忆力、思维力、想象力的发展，同时也促进孩子动手能力的发展。如：抛接沙包游戏的玩法很多，孩子可双手抛双手接，单手抛单手接，左手抛右手接，右手抛左手接。还可以往前上方抛起，小朋友跑着去接，小朋友之间还可以互抛互接。这既训练了孩子的手、脑协调能力，同时也能很好促进孩子合作能力的发展。

（3）在各种操作中培养孩子的动手能力

操作是孩子主动学习的重要方法，当形形色色的操作材料呈现在孩子的面前时，他们能主动与材料发生交互作用，在触、摸、摆弄的过程中有所发现，有所探索，并且在发现和探索中有所收获。孩子们用收集的牙膏盒制作了各种各样的汽车、楼房；用月饼盒制作灯笼；用旺仔易拉罐制作鞭炮；用雪碧瓶制作了瓶娃娃；用一次性盘子做漂亮的蜗牛；用娃哈哈奶瓶制作了各式各样的飞机火箭；用橡皮泥制作泥塑，另外小朋友还根据季节的特点，秋天用树叶做树叶贴画，冬天用带来的瓶子做造型各异的冰灯，用包装纸剪窗花；用硬纸板、卡纸剪出各种几何图形的小块块，让孩子做拼图如：孩子用半圆形、三角形拼成小鸡、小鸟，用圆形、半圆形、椭圆形拼成熊猫等，用插塑拼接等。可见动手操作既培养了孩子的动手能力，也开发了孩子的智力和创造能力。因此，父母平时可以多收集一些废旧玩具及剪贴、拼图卡片，购买智力魔方等，为孩子动手操作创造良好的条件。

# 23

# 有头有尾，做事防止"三分钟热度"

情景再现

　　栋栋在电视上看到有小朋友在弹电子琴，声音很好听，于是他也缠着妈妈说，自己要学电子琴。妈妈拗不过他，就给他报了学习班。结果刚学了两个月，栋栋就对电子琴失去了兴趣，说什么也不想学了。最后学琴的事就这样半途而废了。

　　后来，栋栋又说要早上坚持跑步，为了让自己能够坚持下去，他还请妈妈做监督员。第一天早上，他六点钟就起床，不到六点半就出发了，可不到三天，他就不想早起了。

　　栋栋对妈妈说："今天早上休息一下，就休息一天，明天接着跑，行吗？""不行，这是一个习惯问题，做什么事情都要坚持到底。"妈妈斩钉截铁地说。于是，栋栋又下定决心，一定要坚持下去。可是不到一个星期，他又开始赖床了，最后跑步的事情也不了了之。妈妈也拿他没办法。

**孩子的心里话**

　　报了电子琴学习班后才知道原来需要好久好久才能像电视上的小朋友那样弹得那么好呢，而且这个过程好辛苦、好枯燥啊！还有跑步，我以为自己可以坚持下来，可是每天早起真的很痛苦的！

## ❓ 父母应该怎么办

常听到一些父母抱怨自己的孩子："我这孩子并不比别的孩子笨，就是没耐性，做事总是虎头蛇尾，半途而废。"针对这种情况，父母应该知道，做事是否有头有尾，有始有终，属于心理活动中的意志品质问题。意志是否坚强，对长大后学习、工作的成败都有重要的影响。那么，家长应该怎样培养孩子的耐心呢？

父母要做出榜样。许多孩子没有耐心，是因为父母对孩子做事的要求往往也是虎头蛇尾。所以，首先要求父母要注意不造成孩子半途而废的行为习惯。在开始一种新的活动之前，必须让他把正在进行的活动有个了结。如让孩子去洗澡，应在开始烧水时就告诉孩子画好这张画后，就去洗澡。然后在孩子洗澡之前别忘了认真检查画到底画完了没有，这本身就是培养孩子做事有始有终的良好习惯。

用兴趣引导孩子持之以恒的决心。兴趣是孩子高效率把事情做好的前提，因此，父母应该引导孩子对事物产生兴趣。只有孩子对其感兴趣才能够更好地去完成，使孩子做事有恒心。

给孩子设置点障碍。逆境、困难能铸造一个人顽强不息的意志品质，艰苦的环境特别是艰苦的生活环境和劳动往往是对一个人意志最好的考验和锻炼，也最能培养人。不要让孩子害怕困难，而是要让他们大胆地去面对。这样孩子才能够更快地成长，也能培养孩子遇到困难不退缩的品质。父母应该有意识地给孩子设置点障碍，为孩子提供一些克服困难的机会。如，针对孩子意志的薄弱点，选取一两个突破口，鼓励孩子挑战自我，这是为孩子铸造恒心的良方。让孩子自己找到自己的弱点并将其改正，这样不仅仅能够帮助他改正，也能时刻提醒他不再犯同样的错误。耐心是坚强意志磨炼出来的，越是在困难的环境中，越能锻炼孩子的耐心。要鼓励他做事不能半途而废，做好一件事要经过努力，才能完成。孩子经过努力完成一件事时，应当及时给予表扬，强化做事有始有终的良好习惯。

孩子对新奇的事物特别感兴趣，同时注意力容易转移，所以父母要督促孩子做事要持之以恒、认真负责。

在督促孩子的同时，最好能够交给孩子自我监督的能力。对某件活动要持之以恒，须靠自己的自觉行为，因此，让孩子学会检查。监督自己是否朝既定的目标努力是必要的。要让孩子学会自我检查、自我监督，可以从父母的检查和鼓励开始。比如，与孩子共同确定某种活动。某个目标后，每天检查孩子完成的情况，并让孩子自我评价做得怎样，对孩子的良好表现给予鼓励，对做得不够好的要引导，激励孩子改正。当孩子大一点后，可以为孩子画张自我鉴定表格，让孩子对完成学习计划、良好行为习惯、某种活动目标等情况进行打分，并定期把自我鉴定表交给学校老师，让老师了解、表扬孩子的自觉行为，对孩子的自我监督进行监督。这样，孩子学会自我评价、自我监督后，才能督促自己持之以恒地从事某种活动。

此外，家长还可以给孩子讲一些名人、伟人持之以恒最终获得成功的故事，比如篮球明星迈克·乔丹，在公牛队里面，他训练的时间是最多，每天训练都在18个小时以上，从未间断，有时候吃饭、睡觉都在篮球场。达·芬奇因为热爱学习新知，且持续不懈，因而得以横跨多个领域，同时是建筑师、解剖学者、雕刻家、工程师、发明家、数学家、音乐家；而他无穷的好奇心与创意，使得他成为文艺复兴时期艺术家代表之一，同时也是世界上最伟大的画家之一。王羲之经年累月苦练书法，成就"天下第一行书"的盛名；钱钟书坚持每天进阅览室，才有"横扫清华图书馆"的豪言壮语，成为学贯中西的大学者；因为坚持，登山者才能登上世界第一高峰。假如他们都半途而废，没有坚持到底，恐怕若干年后，历史上又会少了几页辉煌的篇章。借助这些故事来感染孩子，为培养坚持不懈的精神品质做好思想准备。

最后，父母还要注意减轻对孩子过高的期望。每位父母都有"望子成龙，望女成凤"的心情，都对孩子寄予厚望，希望他们将来能够大有作为。父母的期望虽然很好，但这会造成孩子沉重的心理负担，影响他们的积极性，孩子因而产生消极、逃避的心理，最后也会导致在学习过程中半途而废。因此，父母要根据孩子的实际情况，调整自己对孩子的期望，减轻他们身心上的压力，让孩子有一种"跳一跳，就可摘到果实"的感觉。让孩子在一个宽松的环境中学习，这样才能将学业学得透彻，得知个中精髓。

持之以恒的品质会成为孩子一生受用不尽的人生财富，所以在对孩子的教育过程中要更加注重对坚持这种非智力因素的培养。

# 诚实守信，不说"瞎话"

　　俊熙是个 4 岁的男孩，在班里是个比较特殊的孩子。

　　一个周四的下午，俊熙爸妈迟迟没来接他。于是，俊熙就跟几个同样等待家长来接的小朋友在沙坑里玩。

　　眼看天色不早了，俊熙从前院跑到后院，又从后院跑到大厅，当他发现自己是幼儿园里唯一一个还没有被接走的孩子时，一下子跑回教室，坐在自己的凳子上，捂着脸伤心地哭了起来。

　　一旁的班主任蒋老师看到了，也有一些诧异，她可是第一次见俊熙这么伤心，赶紧过去安慰他，可是，俊熙只是哽咽着说了一句话："我爸爸没有来接我。"

　　又一天的早上，俊熙爸爸来送孩子。

可是，俊熙在放下书包来到餐厅后，却低声抽泣着。

过了一会儿，蒋老师又发现他扶着活动区的墙壁呜呜地哭泣着，蒋老师赶忙走过去，蹲下身来，轻声问道："俊熙，发生什么事了？"

俊熙边哭边告诉老师："我爸爸骂我。"

蒋老师听后非常气愤："我会让你爸爸向你道歉的。"说着就安慰起孩子来，过了好一阵，俊熙的情绪才慢慢缓和过来。

到了幼儿园放学的时间，蒋老师向俊熙的爸爸问及此事，他反倒非常吃惊，说他们夫妻俩从来都没有对孩子，甚至是任何人说过粗鲁的话。

后来，俊熙爸爸想了想，说："只是今天早晨出门时，因为时间不够了，就没来得及满足孩子想买零食的心愿。"

 **孩子的心里话**

爸爸和妈妈最听老师的话，他们要是惹我生气了，我就让老师帮我教训他们。他们肯定会害怕得乖乖听我的话的，老师是世界上最厉害的人了！

**父母应该怎么办**

说谎是指儿童有意或无意地说假话。一般来说，孩子是天真无邪、诚实坦白的，但在实际生活中，孩子也有说谎的时候。然而，必须强调的是，孩子说谎的原因是不相同的，家长和教师要具体问题具体分析。

**1. 原因**

（1）孩子自身的原因

产生说谎行为的一种原因是孩子的心理发展特点。孩子想象的发展特点是无意想象占主要地位，有意想象才刚刚开始发展，因此，他们容易把现实和想象相混淆，把想象的东西当作现实。孩子记忆的精确性也较差，在回忆时容易歪曲事实。例如，强强听到老师让军军把做好的汽车模型拿给大家看看，同时又告诉大家别忘了带易拉罐。结果强强回家却让妈妈给他买一个汽车模型，还说是老师说的。以上这些情况中，孩子都不是有意在说谎，说谎是他们的心理发展还不成熟的表现。

另一种原因是孩子为了达到某种目的或愿望而有意识地说谎。如为了获得某种奖励、赢得老师或父母的赞赏、逃避惩罚等。这就属于问题行为了，反映了孩子的品德问题，需要及时矫正。

（2）家长的原因

孩子说谎的另一个原因，是家长不注意自身的言行。孩子的模仿能力很强，如果父母经常说谎，时间长了，孩子也会学着说谎。慎言、修身对家长也是很重要的，至少在孩子面前要如此。

还有一个原因，就是家长的教育方式的不当。对于孩子的过失，有的家长总是以粗暴的方式对待，不管是什么原因，一概严厉训斥甚至是打骂，使孩子产生了畏惧心理，进而为了逃避责骂而说谎。

**2．对策**

对于孩子有意说谎的行为，要给予充分的重视，如果不及时给予纠正，孩子说谎将来变成一种习惯，就很难改正了。

（1）培养孩子诚实从点滴做起

培养孩子诚实的品质，它既要求家长有长期坚持的耐心、与时俱进的细心，又深深扎根渗透于日常生活的琐碎点滴中，贯穿家庭生活和亲子成长的全过程。

家长应从小就要求孩子说真话，不说假话；做错事时勇于承认自己的错误并能及时改正；不拿别人的东西，借别人的东西要还；做到言必信，行必果。

针对社会上那种坑蒙拐骗的行为，父母要态度鲜明地进行批判，要让孩子坚信，这种弄虚作假的行为是必将受到惩罚的。这样，孩子长大以后才能成为一个光明磊落的人。

总之，父母要从点滴做起，从小事做起，塑造孩子的诚实之心。

（2）要为孩子做诚实的榜样

父母要培养一个有责任心，以诚待人的孩子，就要以身作则，做诚实的表率。常言道："身教重于言教"，父母的行动对孩子来说是无声的语言，有形的榜样。

为了培养孩子的诚实习惯，在日常生活中，父母对待孩子一定要诚信，不要说话不算话。因此，父母在向孩子许诺之前一定要三思，不能言而无信，答应孩子的事情，就一定要做到；如果不能兑现，应及时向孩子解释，向孩子道歉，并作自我批评，让孩子从内心理解和原谅父母，事后父母应设法兑现自己的承诺。如父母言而无信，一而再，再而三，说话不算数，孩子会对父母产生不信任感，并认为说了话可以不算数，慢慢地他们也会这么做。

（3）要营造诚恳、互信的家庭氛围

父母要做有心人，为孩子创造愉悦的讲诚信的氛围，以感染孩子的心灵。特别是家庭成员之间应相互信任。孩子尽管年龄小，但他同样会体会到家长对他的尊重和信任。要知道从小受到尊重、信任的孩子，会更加懂得怎样去尊重、信任别人和怎样得到别人的信任。

可以在一种轻松的环境中，告诉孩子说谎会有什么样的危害，告诫孩子说谎或许能让你一时蒙混过关，但迟早也会让他人发现事情的真相，等真相大白之后，不仅会让自己处于一种尴尬的境地，还会失去老师、父母、同学、朋友对自己的信任，久而久之，别人就不愿意再跟自己接近了。这样的话，孩子便会在愉悦互信的氛围中受到启迪，讲诚信的意识也就会逐步培养起来。

# 自觉主动，不要什么事儿都要人说

情景再现

莉莉是个让人心急的"小磨蹭"，做起事来总是慢吞吞的，不论吃饭、穿衣、洗碗，还是画画儿、写字、做游戏，她都是边玩边干，磨磨蹭蹭的。让她自己洗一次脸得用半个小时。每当需要为某些事情做准备时，比如上学、洗澡、去亲戚家，如果妈妈不催她，不冲她大叫"现在，现在就做！"她是绝不会准备好的。妈妈也曾试了好多方法，但效果都不理想。

 **孩子的心里话**

从小到大，不管做什么事，要是我忘记了，妈妈也总会提醒我的，所以我为什么还要用心去记住那么多事呢？到该做的时候，妈妈自然会催我的。

**？ 父母应该怎么办**

很多的父母都会抱怨自己有一个非常调皮、精力充沛的孩子。孩子们不管做什么都要父母一遍又一遍地提醒，为此，很多父母都感到非常的苦恼。那么，为什么会出现这样的情况呢？出现这样的情况的时候，父母又应该怎样提醒自己的孩子呢？

### 1.为什么孩子需要提醒

当父母要求孩子们去做一个新的任务的时候，在孩子们能够按照父母所说的做之前，父母要先向他们介绍任务所包含的每个组件的用法。孩子会本能地一直重复这个组件的用法，直到掌握了每一个组件的用法，然后将相关的步骤都连在一起，再一次次地重复，直到孩子能够毫不费力地完成这个任务。

在这个过程中，有些父母需要不断提醒孩子，并且想到为什么自己要一直给孩子提醒。一个很好的例子就是孩子们学习爬行的过程。孩子们开始的时候可能会前后摆动。孩子会感到害怕，因为他并不知道自己可以做到这件事。父母在孩子的旁边应给孩子支持、鼓励和帮助。这并不会让父母感到失望，因为父母已经意识到这是孩子学习的方法。然而，当孩子长大的时候，父母就可能会忘记孩子这种学习的方法和过程了。这是因为孩子大脑的发育是看不见的。

当孩子的大脑发育到一个新的阶段的时候，他们会以一个更成熟的心态来看待世界。孩子也会有新的能力，比如说记忆力、讲笑话或者是阅读能力等。从本质上讲，孩子现在是一个新人，当孩子感到自己更加成熟之后，他们就会无意识地认为自己更加有能力了，或许以前的规则不再适用于自己了。

### 2.怎样培养孩子的自觉主动性

（1）让孩子明白生活是自己的事

如果可能的话，每个父母都会这样向上帝祈求：让生活的艰辛远离他们，让他们轻松而富足；让邪恶的诱惑远离他们，使他们正直而清醒；让他有美满的爱情和婚姻；让他永远幸运。然而，祝愿和祈祷，只能是一种美好的愿望，所有这些结果都必须依靠孩子自己的劳动和努力才能得到。恰恰是因为如此，教育把它的目的锁定在"适应未来生活"；也正因为如此，孩子需要从小锻炼独立面对生活的各种能力。在动物世界中，这种教育（一种出自本能的教育）随处可见。在狼的家庭中，幼狼出生不久，公狼会把它赶出家庭，让它出去游历一番，让它在独自生活的过程中肌肉更结实，知觉更灵敏，反应更敏捷。这是在残酷的弱肉强食的动物世界中，可以生存下来的重要本领。

（2）创造机会培养孩子自己拿主意做决定的能力

有的家长经常说孩子太有主意不好，应该听大人的，实际上孩子有主意是件好事。他有自己的看法，自己的认识，应该给孩子创造机会培养他自己拿主意。父母的教育常常是注意培养孩子顺从听话，不大注意去倾听孩子的需要，从生活小事一直到孩子的发展方面都由家长一手包办了，因此孩子缺乏自己做决定的机会和权利，就很难培养孩子自我抉择能力。

（3）培养孩子初步思考的能力

培养孩子逐步思考的能力，就是勤动脑。不仅要孩子自己独立动手去做事，还要孩子独立的动脑去想问题。常常看到有些家长不厌其烦地回答孩子的问题、给孩子讲书，利用一切时间来丰富孩子的知识。全都是家长讲，单方面输入。实际上培养孩子获取知识的能力，比给他脑子里装多少知识都重要。陈鹤琴先生有一条原则，他说，凡是儿童自己能够想的就应该让他自己去想。

（4）放手让孩子做力所能及的事情

孩子的独立性是怎么培养的，是在实践当中培养起来的。凡是儿童自己能做的应该让他自己做，不要代替他，这是一个教育原则。孩子长到两三岁就有了强烈的"我自己干"的要求。他有这种独立愿望，家长就应因势利导，从培养孩子日常生活的初步自理能力开始，独立性就在这个过程当中有所培养。培养这种基本能力、基本习惯是非常重要的。比如在家长的帮助下让孩子学会自己吃饭。专家主张孩子一岁多让他自己吃饭，让孩子自己吃饭，自己穿脱衣服，穿脱鞋袜，自己如厕，自己收拾玩具，自己擦鼻涕。很多孩子鼻涕流出来自己不擦，都让妈妈擦，父母应给他餐巾纸让他自己擦。吃东西前后或便后让他自己洗手，当然开始应让家长帮助。实际上自理能力是孩子独立性培养最主要内容。

（5）培养孩子克服困难的精神

家长在培养孩子独立性的时候，比如让孩子穿衣服，自己穿袜子，确实会遇到困难的，包括自己收拾玩具，对孩子来讲都要付出很大的努力，克服一定的困难，那么有些孩子一遇到这些困难，就不干了。家长有时候心软了，就包办代替。所以当孩子独立做事遇到困难的时候，家长一定要鼓励他们克服困难，坚持完成任务，特别是对那些依赖性比较强的孩子更应如此。

# 父母不要"糊弄"孩子

聪聪是海南省某小学的一个孩子，又一次，他在老师那里了解到雪花这种东西，就问老师，雪花是什么样子的，在哪里可以看到？老师说："本来咱们这里也是能看到雪花的，但是因为气候变暖，现在已经看不到了，只有到北方的一些省份才能看到了。"

回到家后，聪聪便缠着妈妈，要求去北方看雪。妈妈说："好，只要你期末考试平均95分以上，寒假的时候，妈妈就带你去黑龙江看雪。"聪聪通过努力学习，考试成绩平均96分，聪聪心想，这下可以去看雪了。

日子一天天过去，离春节越来越近了，妈妈却没有去准备旅游的意思。聪聪问妈妈："什么时候去黑龙江啊？"妈妈说："厂里要求妈妈加班，这次不能去了！"聪聪继续缠着妈妈说："妈妈，我要去旅游，我要去看雪。"妈妈继续对聪聪说道："妈妈真的没时间陪你去！"聪聪哭喊道："我不管，我就要去，我就要去，你说话不算数！"妈妈终于忍不住了，对聪聪吼道："你怎么那么不听话呢！你有时间，妈妈还没有时间呢，你再这么无理取闹，妈妈就打你了！"

果然，整个寒假聪聪再也没有跟妈妈提去旅游的事情，但是妈妈却发现聪聪整天闷闷不乐的样子，什么事情都爱跟她对着干。

 **孩子的心里话**

妈妈说话不算数，说好了只要我平均分达到95分就要带我去黑龙江看雪的，现在我好不容易努力达到了，妈妈却不兑现自己的承诺！以前她还总教育我要信守承诺，可是她自己却不遵守承诺，以后我再也不想听她说话了，她说的话我再也不相信了！

**父母应该怎么办**

有时候，孩子会求家长"带我去迪士尼吧"，"我想去动物园"。这时，家长不能含糊地说"过些日子领你去"，而应该清楚地告诉孩子"最近我工作很忙，等到9月就带你去"，"暑假期间人多，排队时间会很长，等冬季人少的时候带你去"。给孩子讲明理由，获得孩子的理解，然后让孩子学会忍耐。耐着性子等待，对孩子来说是非常好的经历。

还有，当孩子开始对很多事物好奇的时候会不断地问："为什么？为什么呢？""这是什么意思？""什么原因？"面对孩子的这些问题，父母应尽量去呵护孩子的这些好奇心。好奇心是孩子学习兴趣的源泉。

七八岁是一个富于幻想的年龄阶段，小脑瓜里总是装满了"为什么"。鸟儿为什么会飞？花儿为什么是五颜六色的？为什么我的影子一会儿大，一会儿小？爷爷的爷爷是谁生的？等等。将一个又一个问号扔给父母，有时候可能使父母感到惊讶，甚至无法回答。问得多了，父母还可能会因此而厌烦。其实，爱刨根问底是七八岁的孩子力求认识新事物的一种积极表现。由于他们的视觉，听觉和触觉等器官逐步发育，懂得的知识越来越多，与周围环境的接触也愈来愈复杂，渴求认识新事物的欲望也随之增长。他们对于那些以前没有见到过的事物都会产生浓厚的兴趣。但是，七八岁的孩子认知能力却非常有限，想要知道答案，就必须要通过问来得到大人的帮助，而且常常要刨根问底，不搞清楚绝不罢休。

现实生活中，许多父母往往忽视孩子的提问，甚至嫌他们提问多、烦人而粗暴地训斥他们，结果使得孩子不敢再提问，对周围一切都失去应有的好奇与热情。但真到了那个时候，许多父母又开始悔不当初。孩子的好奇心，都被做父母的给压抑了，怎么会再问呢？要知道，孩子一旦失去好奇心、求知欲，再重新激起是很困难的。

所以，对于孩子的提问，父母首先应表现出积极的态度。对于孩子的好问，刚开始时，父母都会感到高兴。但当这种发文变成经常性的、好似没有终结的事情时，父母就没有那个耐心去给孩子一个一个解答了。更何况，孩子问题通常是千奇百怪的，有时根本就无法向孩子解释清楚，也难怪有些父母一急就说出"你还有完没完"这样的话。

但是，为了珍惜孩子的积极性和勇于探索的精神，我们无论如何都应对孩子的提问表现出积极的态度，当遇到"为什么只有晚上才能看到星星"，"为什么地球是球形而不是正方体"这样的问题时，父母不要头痛，更不要厌烦，要耐心一点，认真一些。其实很多时候，孩子并不是非要一个确切的答案，他只是希望自己的提问受到重视。如果父母对他的提问表示出极大的关注，哪怕不能给他一个满意的答案，他也会觉得很受鼓舞。回答孩子的提问，最重要的是真诚。如果父母确实很累或者很忙，父母可以对孩子说："你提的这个问题很有趣，可是爸爸（妈妈）现在很累、很忙，要不爸爸（妈妈）明天专门回答你，好不好？"但要记住，父母既然答应了孩子，就千万不要食言。

其次，应该尽量用孩子能够理解的语言，耐心地给孩子解释。父母也不知道答案的时候，不要试图蒙混过关，不知道就是不知道。可以翻翻字典或者在网上查出答案再回答。不要教给孩子似是而非的答案，让孩子看到家长认真对待的态度，能培养孩子对知识的兴趣，可以将孩子培养成一个好学的人。孩子的理解力到底是什么水平，父母可以通过观察平时他读的书来判断。这样父母在回答孩子的问题的时候不至于超出孩子的理解力范围。最重要的是，父母要认真地回答孩子的问题，不敷衍，不欺瞒。

另外，家长们还可以采用反问的办法对待孩子的提问。当孩子提问时，父母固然应以诚恳的态度回答，但这也容易使孩子产生依赖心理。因此，有时候父母可以采取反向思维——通过反问来诱导孩子思考问题，即借着他的问题，让孩子做更多更深入的思考。当孩子问父母"为什么"时，父母可以反问孩子。比如，当孩子问我们："为什么我一定要去上学呢？"此时，父母可以反问："你要是不去上学，结果会怎么样呢？"这样，孩子就会去思考不上学可能会出现一些什么情况。父母不用费心地解释，他们就可以明白原因，而且他的思维也就能因此而发散开来。更重要的是，还可以使孩子养成心中有疑问，自己先思考的习惯。当孩子在父母的诱导下自己得出答案时，他一定会非常高兴，这样有助于孩子自信心的培养。

总之，对于孩子的提问，父母千万不要敷衍了事，用糊弄的态度支吾过去，更不宜将一些荒诞的、不科学的内容灌输给孩子。因为，孩子对于父母的话总是很信服的，他会将错误的答案当成真理。给孩子一个错误的答案，还不如告诉他这个问题父母也不懂，需要查阅资料以后再告诉他。

# 得理也饶人，有包容心才有责任心

**情景再现**

在丁丁的班上，有一个叫李阳的男生，他仗着自己力气大，常常欺负其他同学，丁丁也被他欺负过。有一天下起了大雨，丁丁没有带雨伞，丁丁的妈妈便开车去接他。那天，李阳也没有带雨伞，看着窗外哗哗的大雨，非常发愁。丁丁妈妈笑着对李阳说："外面雨下得太大了，让阿姨开车送你回家吧。"丁丁不乐意地朝妈妈使眼色，妈妈却装作没看见，让李阳上了车，把他送回了家。当时李阳非常感动，一个劲儿地邀请丁丁和丁丁妈妈到他家坐坐。回到家后，丁丁妈妈对丁丁说："李阳欺负同学是不对，不过不要因为他有缺点就讨厌他，而是应该多和他友好地交往，并且帮助他改正缺点和不足。"此后，李阳再也没有欺负过丁丁，还主动和丁丁交上了朋友，而丁丁在这件事中也认识到了宽容的意义。

## 孩子的心里话

李阳这个讨厌鬼每天就知道欺负班里的同学，上次他还把我的小水壶掀翻了呢。老师都拿他没办法，妈妈竟然还将他送回家了，他这样的人，就应该被大雨淋湿成落汤鸡！

## 父母应该怎么办

富有宽容心的孩子往往心地善良，性情温和，惹人喜爱，受人拥护，而缺乏宽容心的人往往性情怪诞，易走极端，不易为人亲近，因而人际关系往往不好。因此，教孩子学会宽容尤为重要，这不仅仅是为孩子今天能和伙伴处理好关系，更是为孩子将来的人生奠定基础。

### 1.为孩子树立榜样

孩子的宽容之心最主要的来源就是父母。孩子最初是从父母那里学习待人接物的方式的。父母宽容、大度、遇事不斤斤计较，与邻里、同事之间融洽相处，孩子就会学着父母的样子处理同学之间的关系，也会变得宽容、乐于与人相处。如果孩子不小心犯了诸如打破杯子这样的小错误，不要用惩罚或责备的方式来教育孩子。告诉孩子，其实父母有时也会犯这样的无心之错，只要下次小心就可以避免。从原谅孩子的错误开始，用宽容的心去引导他认识自己的错误，让孩子知道，解决问题的办法除了批评、惩罚以外还有宽容。

### 2.教孩子学会心理换位

心理换位是指当双方产生矛盾时，能够站在对方的角度思考问题，思考对方何以会如此行事、如此说话。如果真的能够做到这一点的话，就会减少很多不必要的矛盾。就像是下棋的人，一开始想着自己怎样走，不管别人，水平逐渐变高的时候，就会想对方怎样走，自己怎样应对。许多孩子只习惯于从自己的角度思考问题，而不习惯站在别人的角度思考问题。而要消除这种现象的办法就是"心理换位"。

站在父母的角度上考虑，就会理解父母的良苦用心和唠叨；站在老师的角度上思考，就会理解老师的艰辛；站在同学的角度上思考，就会觉得大多数同学是可爱、可亲、可交的。所以，教上小学的孩子学会心理换位是非常必要的。

### 3.教孩子学会理解他人

金无足赤，人无完人，有缺点和不足乃是人性的必然。和同学相交，和朋友相处，完全没有必要求全责备，完全可以求同存异，只要同学和朋友的缺点不是品质方面的，不是反社会的。对于朋友的缺点和不足，对于同学心情不好时所说的话和所做的事，没有必要事事计较，事事都要求个公平合理。多一次原谅，多一次宽容和理解，同时也就为自己多找了一份好心境，也会使自己在个性完善的道路上又向前迈进了一步。

当然，宽容不是怕人，不是懦弱，不是盲从，不是人云亦云，这一点是必须向孩子讲清楚的。父母必须让孩子知道宽容是明辨是非之后对同学、朋友的退让，而不是对坏人坏事的妥协。对坏人和得寸进尺的人是没有必要宽容的。

# 知书识礼，懂得尊重才会有责任心

美熹的妈妈是高级工程师，她经常在小区里碰到一位收废品的外地人，每次她都微笑着跟这位外地人打招呼。外地人有些受宠若惊，因为小区里住的都是这个城市的精英人群，很多人对他视而不见，而这位女士是唯一一个主动跟他打招呼的人。美熹问妈妈："妈妈，为什么其他人都不理这位收废品的叔叔呢？"妈妈说："因为有些人认为自己的身份比他高贵。"美熹接着问："那妈妈认为自己的身份不比叔叔高贵吗？"妈妈说："是的，我们都是平等的。这位叔叔收废品是在工作，妈妈做工程师也是在工作，我们都是工作者，所以我们是平等的。"妈妈接着说："如果我们的条件比别人好，那么我们要尊重别人，不能瞧不起他们；如果我们的条件比别人差，那么我们要尊重自己，不能自己瞧不起自己。你明白吗？"美熹点点头。

 **孩子的心里话**

收废品的叔叔很可怜，小区里的人们从来都不和他打招呼，除了妈妈。我也要像妈妈一样，尊重叔叔，我还要告诉小区里的其他小朋友，让他们和我们一起尊重叔叔，因为我们大家都是平等的！

**父母应该怎么办**

尊重他人是一种美德，是一种高尚的情操。只有尊重他人，才能获得他人对自己的尊重。所以，尊重他人也就是尊重自己。

在现实生活当中，每一个人都是有自尊心的。在日常生活当中，在与朋友、同事的交往中，父母也应该尊重他人，尊重朋友。即使朋友们有什么做得不到位的地方，也应该谅解。在与别人相处的过程中，只要相互能多给对方一些尊重和理解，人与人之间的感情也就会越处越深。反之，自己的朋友只能是越来越少。总之，多给予别人一分尊重和理解，自己就会多获得一束灿烂的阳光。

独生子女往往以自我为中心，不懂得去尊重别人，自己想说什么话就说什么话，想做什么事就做什么事，因此，教育孩子尊重他人，就显得尤为重要。

尊重别人的行为并不是天生就有的，它是良好教育的结果。只要认真培养，孩子一定能学会尊重别人。首先父母们应该尊重孩子。英国著名教育家斯宾塞说过，"野蛮产生野蛮、仁爱产生仁爱"，这就是真理。以应有的尊重对待孩子，孩子才会懂得尊重别人。

另外，如果孩子帮父母做了事，要对孩子说谢谢。有什么事，父母可以和孩子商量而不是命令。同时，父母在家庭中要互相尊重，父母之间的尊重，会在潜移默化中给孩子以良好的影响。父母之间、也应经常说"谢谢"、"对不起"、"不客气"、"你请"等等。有些父母经常当着孩子的面揭对方的短处，甚至谩骂对方，这会给孩子造成很恶劣的影响。

父母要成为尊重别人的榜样，处处尊重别人。父母的一些不尊重别人的行为都会给孩子带来不良的影响。当孩子有不尊重别人的行为时，可能他并不是不尊重别人而是他还不理解这样做是不尊重别人。孩子还没有意识到自己这样做会伤害别人，这时父母不要责骂孩子，而是要静下心来，问问孩子为什么要这样做，问问孩子如果别人这样对待自己，自己会有什么样的感受，然后有针对性地指出这样做的坏处。告诉孩子有教养的孩子应该同情别人，帮助别人。尊重别人的人才会受到尊重，尊重别人就是尊重自己。

此外，还要注重培养孩子爱阅读的好习惯。教育家苏霍姆林斯基对青少年阅读有很多研究，他说："30年的经验使我深信，学生的智力发展取决于良好的阅读能力。"他还指出缺乏阅读的坏处："为什么有些学生在童年时期聪明伶俐、理解力强、勤奋好问，而到了少年时期，却变得智力下降，对知识的态度冷淡，头脑不灵活了呢？就是因为他们不会阅读！"孩子在小学，甚至初中低年级时，仅仅依靠聪明是可以取得好成绩的，但如果没有阅读垫底，年级越高越会显出力不从心。

那么家长应该如何培养孩子知书识礼、喜爱阅读的好习惯呢？

### 1. 营造良好的阅读环境和氛围

怎样培养孩子的阅读习惯？专家指出，阅读的兴趣要从小培养，其中环境的熏陶最为重要。要想孩子爱上阅读，父母首先要对阅读也产生兴趣，营造出一种健康、干净、温暖、快乐的阅读环境和阅读氛围。最理想的环境是：充满书香的家。读书可以是家庭成员的休闲活动之一，父母经常与孩子交流阅读经验和心得，在这种环境中，孩子必然受到潜移默化的影响。鼓励孩子将书当"玩具"去玩，视"书"为好朋友的观念。孩子在很小的时候就对书面语言产生了兴趣。在孩子语言发展关键期内，父母应及早地为孩子提供完整语言的学习机会。

**2.给孩子选择好书**

著名童书作家桥斯坦贾德曾说：最明智的父母就是一旦给孩子吃饱穿暖之后，接下来的事情，就是去为孩子们选择出最好的书，带回家来，放进他们的卧室里。"读一本好书，就是和许多高尚的人谈话。"因此，阅读的种子，应该是一本本适合孩子的优秀图画书。长期以来，人们较多地将孩子文学活动的功能定位于"德育"，而弱化或忽略了文学活动的本体功能——审美，即文学作品用来提高人的思想，美化人的心灵，陶冶人的情操的。很多幼儿园的文学活动往往没有充分认识到文学作品的人文内涵、审美价值、社会文化意义及在欣赏感悟、思维品质等方面的作用，这与当前教育理念中的人文素质、非智力因素的培养以及对情感、价值观的追求是不相契合的。由此而带来孩子文学活动在内容的选择上存在过多的考虑"是否具有教育意义"；形式上只注重了表达与机械记忆，而轻视了欣赏与创造表现。应该提倡让孩子阅读《千字文》、《三字经》、《弟子规》及经典童话等，以滋养孩子的心灵，润泽孩子的童年。

**3.亲子共读是培养孩子阅读能力最好的途径**

据统计，中国父母对孩子的教育投资很大，该项支出已占到家庭收入的30%。但是，很少有父母能够坚持每天陪孩子一起阅读20分钟。即使是在北京、上海这种文化教育最为发达的城市，能够经常和孩子一起读书的家庭也不足20%。中国大多数父母还不能够理解儿童阅读活动的正确含义，对儿童早期阅读活动缺乏科学的认知。如今，世界上越来越多的教育人士认识到，亲子共读是加强早期阅读教育的良好方式。美国利诺斯大学的研究员钦利斯·布朗用了20多年时间，对205名入学前已经学会阅读的孩子进行了针对性的研究。结果发现，这些孩子有一个共同点，即他们的父母很早就开始给他们读书，并使他们养成了热爱阅读的良好习惯。父母需在孩子看完一篇东西后鼓励孩子叙述出来，并适时鼓励、表扬和引导，让孩子们感到兴奋和自豪感，由此产生阅读更多书的愿望。

在阅读过程中，当孩子讲错了或讲得不够好时，不必像对待学生似的认真纠正。有些孩子不爱阅读是由于父母不尊重孩子的智慧和自尊心，一味地指点纠正，这会使他感到厌烦。孩子都是爱玩儿的，父母还要多考虑如何让阅读更生动、有趣，通过一些寓教于乐、有趣的语言游戏让孩子爱上阅读。每天坚持半小时的亲子阅读，不仅可以增进父母与孩子之间的感情，也会对孩子的性格、心理成长都很有利，也能让孩子在快乐中获得心智全面发展。

# 同情弱者，别人的事不再高高挂起

奇奇今年11岁，是一个责任意识非常淡薄的孩子。前些天，老师让奇奇和一名学习不太好的同学组成"互助小组"，帮助那名同学共同进步。但奇奇从来没有给那名同学补过课，那名同学向奇奇问问题，奇奇总是不耐烦地说："这么简单的问题还用别人告诉你吗？自己想想就想出来了。"奇奇的妈妈觉得奇奇不仅不爱帮助学习成绩差的同学，就连家里的事情也总是漠不关心，有时候家里的拖把倒在地上，奇奇宁可从旁边绕着走，也不肯扶一扶。

 **孩子的心里话**

为什么要组成互助小组，别人学习成绩差是他们自己的问题，关我什么事，我才不愿意管他呢。那么简单的题还要问我，我才不愿意浪费时间给他讲呢！

**父母应该怎么办**

大凡对他人缺乏理解、关心和体谅的孩子都会表现出任性和自私的行为，其实这就是孩子缺乏爱心的具体表现。如何对孩子进行爱心教育，培养一个有爱心的孩子，聪明的父母各有各的办法。

研究发现，通常情况下，孩子在3岁左右就开始发现，并不是所有的人有着同样的心情，有的人忧愁、有的人快乐。这种意识是孩子产生同情心的基础，而同情心是实施慈善行为的前提。

当孩子提出类似"为什么有的人有几百万元，而有的人只有几元钱？"这种问题时，父母不必担心照直回答会有任何不妥。让孩子知道不是每个人都像他一样衣食无忧，正是教孩子学会付出的大好时机。如果父母就这个问题闪烁其词，孩子会认为，人们之所以贫困和无家可归是他们自己选择的结果。

研究表明，参与慈善行为不仅可以让孩子对社会有更多的关注，同时有助于发展孩子独立决策的能力。实际上，慈善行为并非只是通常意义上与钱有关的事，更多的意义在于表达爱心。例如在公交车上给老人让座，把用过的玩具和书籍捐给孤残儿童等。

父母还可以时刻提醒孩子日常做一些慈善小事，例如看到楼底有一大堆垃圾，可以提醒孩子为社区捐赠一个垃圾桶；当看到无家可归的人睡在城市的地下通道里,可以提醒孩子为他们捐赠点食物。

另外,还可以提醒孩子用零花钱来表达爱心,例如建议孩子把零花钱分别存在三个存钱罐里:一个用来买自己喜欢的东西,一个是为了储蓄,一个是为了捐赠,让孩子逐渐培养起良好的理财习惯。

专家建议:父母可以提醒孩子把零用钱的10%存起来,专门用于日常捐赠,例如买一些食物给街上看见的无家可归的孩子;也可以带孩子去孤儿院,买些衣物和食物捐赠给孤儿,这样做会给孩子带来切实感受。

其次,要充分发挥父母的榜样作用。家庭是孩子成长的沃土。父母是第一位教师,孩子的性格、品行、智能、习惯首先在家庭中养成。父母首先要做榜样,经常想到别人。因为孩子学会有爱心并不受任何人的命令,而是平常看在眼里,记在心里的结果。父母和祖父母、邻里之间关系密切、相互尊重、相互关心,孩子置身于这样一种和睦、融洽的氛围中耳濡目染,随着年龄的增长,也会养成尊老爱幼的品行,仿效长辈关心他人、帮助他人。

再次,还可以通过故事、儿歌等形式对孩子进行爱的情感教育。如《小的留自己》、《弟弟摔倒后》等,每讲完故事,再结合身边的事考考孩子,帮助他分清是非、辨别真假。久而久之,孩子就会效仿故事中的人物说话、做事。成人要及时加以肯定和鼓励,使孩子逐步理解这样做会给人带来快乐,也是自己的快乐。

此外,还可以同孩子一起做一些适合与孩子一起参与的慈善小事:

参加募捐:很多慈善组织会定期在孤儿院等慈善机构为需要帮助的孩子募集资金,父母可以鼓励孩子把自己的零用钱捐出来,也可以带孩子一起去感受一下捐赠时的氛围。

爱心赠送:经常整理孩子用过的玩具、识字卡片、书籍等物品,以及孩子已不需要的衣物,到社区了解一下有没有贫困的家庭,父母还可以带孩子一起上门赠送。

友好互动：去儿童康复中心了解有没有需要帮助的孩子，定期带孩子去做些能帮助他们的事，例如协助工作人员料理他们的生活。

当小清洁工：和孩子一起在公园玩，或者一起在小区散步时，看到别人随手扔在地上的果皮，可以和孩子一起把垃圾捡起来扔进垃圾箱。不过在完成后，要及时让孩子清洗双手，或让孩子戴上小手套捡垃圾。

最后，父母还要充分注意去保护孩子们的那份爱心。有位教育家说："孩子的爱心是稚嫩的，你在乎它，它就会长大；你忽视它，它就会枯萎；你打击它，它就会死去。"有的父母由于工作忙或其他原因，对孩子表现出来的爱心视而不见，或训斥一番，把孩子的爱心扼杀在萌芽之中。事实上，在很多情况下父母并不知道自己的行为会在不经意间伤害或剥夺孩子的爱心。如果父母想让孩子富有爱心，那就请父母在生活中培养他、呵护他吧。

很难想象一个不爱自己，不爱他人、社会的人会对自己、他人和社会承担一些什么责任。父母在平时生活中，应当尽量多地教孩子学会爱自己，进而去爱别人、爱社会。当然了，孩子的爱心和责任心的培养是一个长期而系统的工程，它不仅需要父母循序渐进地对孩子进行教育、引导，同时，它更需要父母和孩子们一起去成长，去深入了解孩子的内心世界和心理特点，并根据需要适时调整对孩子的教育方案。所有这些，都需要父母能够做到持之以恒。而父母本身的持之以恒的同情心则又给孩子们起到了重要的示范作用，反过来促进了孩子们责任心的养成。

# 第四章　定家规，
# 孩子是需要扶正的树苗

# 既要有规矩，也要尊重孩子

　　小杰的爸爸是一家公司的副总，他在工作中非常严肃，属于那种"命令型"的领导。在家中，爸爸对小杰也是"命令式"管理，很多时候，小杰上学出门前，爸爸总会对他说："把衣服穿好，多穿一件外套。"小杰问他为什么要多穿外套时，爸爸总会严肃地说："让你多穿点你就多穿点。"每到这个时候，小杰心里都非常压抑。其实，爸爸前一天晚上看了新闻，知道第二天会降温，所以才让小杰多穿衣服，可这些，他并没有告诉小杰。

　　后来，随着小杰慢慢长大，他渐渐对爸爸这种"下指令"的方式感到反感。每次爸爸让他做什么，他坚决不做，而且脾气也越来越大，还时常和爸爸顶嘴。后来，他和爸爸之间的关系越来越僵。看到儿子和自己作对，爸爸感到非常困惑。

 **孩子的心里话**

　　爸爸每天在家里和在公司里都是一副脸孔，就知道命令别人，我又不是他们公司的张叔叔，凭什么每天都要像张叔叔他们那样服从命令，爸爸真讨厌！

### 父母应该怎么办

有研究表明，假如父母是脾气不太好的人，特别是在对待孩子的问题上，过于严厉，将来孩子长大后也会容易变得脾气暴躁，走上社会后很难与人和谐相处。

物极必反，凡是都应有个度。父母的严厉应适可而止，尊重孩子才是保护权威的最好办法，放弃成人主义，与孩子"平起平坐"，才能保持良好的亲子关系，才能让教育孩子的任务变得简单起来。

孩子是鲜活的生命，同样有丰富的情感和个性，只有充分尊重孩子，才能使他健康、快乐、全面地发展，否则，只会让孩子产生抵触心理。那么，怎样才能做到充分尊重孩子呢？

#### 1.尊重孩子，就要遵循孩子成长发展的自然规律

无论是孩子的生理还是心理发展，均有其自身发展的内在规律。父母都希望自己的孩子平安、健康、快乐，受此心愿的驱使，父母越来越急切地要把自认为对的事情强加给孩子，迫使他们遵从父母的意愿。但是，如果违背了孩子发展的自然规律，往往会把事情弄得很糟，这样不仅达不到父母的预期效果，还会影响孩子的正常发展。

#### 2.尊重孩子，就要尊重孩子的独立人格和自我意识

孩子在两三岁时，其自我意识逐渐形成。他们会提出"我自己来"、"我自己做"的要求，并跃跃欲试地尝试着做每一件事，这是孩子心理发展到一定阶段的正常现象。可是许多父母生怕他们做不好，总是替孩子包办代替，从而剥夺了孩子学习与锻炼的机会。当孩子到时候什么也不会做或什么也做不好时，却又受到父母的指责与埋怨，这对孩子来说是不公平的。作为父母，应随着孩子年龄的增长和独立意识的增强，通过各种方式以实际行动给予孩子支持，如对孩子表示信任、让孩子拥有

独立的空间、给孩子支配时间的自主权、尊重孩子的选择、善待孩子的朋友等等。

尊重孩子，还要注意保护孩子的自尊心。心理学家认为，自尊是一种精神需要，维护自尊是人的本能与天性。孩子的自尊心是他们成长的动力。保护好孩子的自尊心，增强他们的自信心，这是做合格父母的责任。

### 3.尊重孩子，就要给孩子一定的自由空间

孩子除了吃好穿好的需要外，还有渴望得到尊重、渴望独立自主、渴望自由创造的需要。尊重孩子，就要把自由和独立还给孩子，让孩子自主选择，自由探索。

为什么现在的孩子备受宠爱，却反而常常感受不到快乐？为什么父母为了孩子省吃俭用，却常常得不到孩子的理解？原因就在于，现在的孩子受父母支配太多、指责太多，父母往往把自己太多的想法强加给孩子，望子成龙、望女成凤是很多父母的期望，强制性灌输给孩子太多的知识，剥夺了孩子游戏和自我探索的时间和机会，这是不尊重孩子的表现；有些父母自认为是爱孩子，把所有诸如吃饭、穿衣的琐事都包办下来，剥夺了孩子自己动手、锻炼自理能力的权利，这也是不尊重孩子的表现……同时孩子们由于过早地承受太多的学习压力，从而早早地失去了童年的乐趣，没有正常孩子那样的欢乐，这将影响他们的社交能力和其他各种能力的发展及心理发育，他们很难发现自我价值。

当然，尊重孩子并不是一味地顺从孩子，而应追求尊重与要求的和谐统一。作为父母，要放下架子，把自己放在与孩子平等的位置上，努力寻求与孩子心理上的沟通和默契。爱孩子，尊重孩子，使他们从中感受到父母的爱和自身的价值，并由此学会尊重父母、尊重他人，这实在是特别有效的教子良方。

# 31

# 蹲下来说话，让孩子先把父母当朋友

**情景再现**

小华今年7岁，虽然年龄小，却没有一般孩子的天真烂漫，总显得老成沉默。父母总觉得小华的想法很奇怪，又很执拗，不知道小华在想什么，平时生活中在和她沟通时也存在一定问题。

比如，妈妈叫小华做作业和做家务，这当然是很正常的事情，但小华总是故意拖拖拉拉，情绪低落，却说不出不做的理由来。

小华做错事的时候，不管妈妈喋喋不休地说服管教还是爸爸大喊大叫地命令，孩子都一声不吭，但就是不按照父母的安排行事，偶尔还有抵触情绪。情绪激动时，还会不停地流泪，显得格外委屈。爸爸妈妈都不知该拿她怎么办。

爸爸还抱怨："这孩子，对小朋友和老师好像比对我们还亲，有什么话会和小伙伴讲，却不肯和我们讲。"妈妈说："小华小时候很乖，也不哭也不闹，可不是像现在这样的。"

**孩子的心里话**

我不爱和爸爸妈妈说话。他们和我说话的语气像是命令似的。态度和表情还总显得高高在上的样子，让我做事情也总是不由分说，不拿我的意见和感受当回事，真没趣。

每次我试图和爸爸妈妈讲我在学校碰到的好玩的事情时，他们对我说的话好像没有在听，也不感兴趣，总是打断我的话，或者居高临下地教训我，弄得我继续说的欲望都没有了。

另外，在家的时候，谈论的话题除了学习还是学习。可我想去玩，不想学习，不想做家务。凭什么别的孩子可以那么自由自在，可以做自己想做的事情，我却不可以？现在的我好渴望自由，渴望自在地表达我的想法和愿望，不愿在家里受约束。

### ❓父母应该怎么办

很多年轻的父母或许都有这样一种感受，那就是孩子越大，越难以沟通。然而细想想，作为父母，也许存在一些不恰当的习惯：比如父母是否给过孩子申辩的机会，让他们说出真实感受？批评孩子的时候，是否用手指指着孩子？当孩子与自己的想法不一样时，父母是否火冒三丈？最后谈话结束，父母是否会给孩子一个拥抱？亲子间的沟通，作为父母是要有些策略的，哪些话能说，哪些话不能说，父母都应该考虑。当父母意识到这些问题时，就应该开始留意自己的言行，尝试着改变自己的想法、说话方式，并站在孩子的立场去考虑问题。

#### 1.慎用批评

不管是不是孩子的错，如果父母想要孩子把发生的事告诉自己，攻击和批评可不是办法。此外，不要过早地下结论，要等待孩子把事情全部说完。听完了孩子的故事，更重要的是引导他们自己发现问题的答案或者解决的办法。随着孩子的不断成熟，父母应越来越走到幕后，给孩子自己思考解决问题的机会。

### 2.创造机会

"孩子，让我们来谈谈！"如果父母与孩子的谈话是这样开始的，结果往往是说话的只有父母一方。然而，在父母与孩子一起打完篮球，开车回家的路上，或周末一起洗衣服时，往往是孩子滔滔不绝、喋喋不休的时候。要想多了解孩子的生活，就要多创造这些对他们没有压力、和父母一起活动的机会。当父母真的需要问问题的时候，也要少用"为什么"，这个词往往会激发孩子的逆反心理。

### 3.控制反应

比如，尽管当儿子告诉父母他没有被校足球队选中时，父母和孩子一样很失望，也不能让这种情绪表现出来。否则，会造成以后孩子只报喜不报忧的后果。

### 4.选择时间

吃完晚饭的7点钟正是孩子想告诉父母很多事的时候，父母也许有一大堆的碗要刷，但父母最好留在餐桌前，耐心地倾听孩子的话。父母总计划着下一步，而孩子只注重现在，要遵守孩子的时间表。

### 5.奖励诚实

当孩子做错了事时，父母必须首先对他向父母承认错误的诚实表示肯定。孩子最担心因为他们的错误行为而失去父母的爱，所以父母要特别注意鼓励他们养成主动承认错误的好习惯。

# 让孩子明确后果责任

情景
再现

　　小明已经5岁半了，没有什么规矩的概念，在家总是非常任性，一不顺心就大吵大嚷，还动不动就破坏东西以泄愤，一次竟然把爷爷给他新买的玩具坦克摔碎了。在班上也总是不守规矩，上课说话，还顶撞老师。

　　妈妈就带着小明一起阅读儿童故事《诚实的被子》，书中讲到美国总统华盛顿小时候得到了一件生日礼物——一把小斧头。华盛顿很喜欢这件礼物，想试试斧头是不是锋利，就拿家里的小樱桃树试，谁知一下就把树砍断了。父亲很是生气，问大家是谁砍倒了树。诚实的华盛顿向父亲坦白了一切，最终，父亲因为他的诚实而原谅了他，还夸他是个小男子汉。

　　小明读完故事后，想了想，说道："妈妈，我也要做个诚实的孩子。"妈妈高兴极了，马上夸奖道："真是个好孩子！但是，你不害怕说实话要受到责备吗？"小明摇摇头说："不怕，我要像华盛顿一样，做个小男子汉！"妈妈看着小明天真的小脸，觉得非常欣慰。

### 孩子的心里话

　　吵嚷、不守纪律、摔东西只是我表达情绪和意见、达到目的的一种方式。我以前这样做，没有人说我，我一直都是这样，习惯了。

听了华盛顿的故事以后，我才知道原来人都是要为自己的行为负责的。在做了错事之后，要勇于承担。

其实，承认错误其实也没什么大不了的。华盛顿那么伟大，后来还成了美国总统，这样的伟人都会犯错，何况我呢？

### ❓ 父母应该怎么办

孩子之所以不负责任，是因为家长从来没有认真地把孩子应负的责任放在孩子的肩上，而把责任都揽到自己身上，孩子就只能过轻飘飘的日子。久而久之，他就找不到负责任的感觉了。他对任何人、任何事都不会负责任了。要想练出铁肩膀，必须挑担子。可以从创建一个正式的书面家庭规则开始做起，规则中覆盖了父母认为是最重要的各种大规则。然后，也会有不那么正式的规则需要被提出。例如，即使父母可能没有特别说明反对在餐桌上大声唱歌的规则，也许有些时候父母必须告诉孩子要更多地关注饮食，少唱曲调。当创建家庭规则时，富有权威地向孩子讲解，可以帮助孩子理解制定规则背后的原因和打破规则的负面后果。相容性是让孩子遵守规则的关键。在确定适龄的纪律策略时，有几种类型的规则，父母应该考虑一下。

### 1.促进安全的规则

孩子当然需要规则来保证他们的安全，并且这种安全包括生理上和情感上的安全。身体上的安全规则包括"坐在沙发上(不要站起来)"和"当妈妈在洗澡时，别开门"。情感上的安全规则可能包括这样的情况，"用温和的语气说话"，当孩子感到安全时，他们会集中精力探索他们自己的才华和环境。

### 2.促进道德的规则

创建规则给了父母一个向你的孩子灌输价值观和道德观的机会。父母应该创建这样的规则，像"永远说实话"或"当你伤害到别人时，要说对不起"等。这是至关重要的，孩子将通过观察父母的行为来模仿父母。

### 3.形成习惯和例程的规则

当孩子有一个例程安排时，他们会做得非常好。因此，应该有一些规则让孩子每天养成健康的习惯。例如，"早饭后刷牙"或"把自己的脏衣服放进篮子里"。创造健康的习惯和规矩有助于减少家庭矛盾。当孩子知道他们从学校回到家时应该挂上外套，他们应该在晚饭后做家庭作业，将可以减少很多的争论。

### 4.促进社会技能的规则

孩子也需要一些规则来教他们社会技能。例如，"和你的弟弟分享你的玩具"或"轮流玩这个游戏"，另外，教孩子与他人互动的适当方式。

# 列出可以升级的任务单，让孩子步步高

小强是个调皮可爱的男孩，他有很多朋友，打球、玩游戏都很厉害。可他唯一的缺点是对学习毫无兴趣，成绩很差。

这次期末成绩出来，小强的语文只考了70多分，数学才50多分，不及格，综合排名又是班里倒数几名。

103

收到成绩单后，小强战战兢兢地把开家长会的通知传达给了妈妈。家长会上，妈妈一直低着头，脸色十分难看，觉得自己面子上很挂不住。

回到家，妈妈就把小强厉声斥责了一番。然后，妈妈提出了以下一系列要求：一是把各科考试错误的地方进行改正，每个错别字写20遍。做不完不准出去玩，也不准看动画片。二是把本学期学过的英语课文抄写5遍。数学课本课后练习题全部做完。三是下次考试争取名次前进20名。

小强一听就傻了。

 **孩子的心里话**

妈妈，我真的很差吗？ 为什么您看起来那么失望？ 我让您生气了吗？

考试做错的地方改正过来就行了，我现在已经知道正确答案了，错别字也会写了，为什么还要每个字抄那么多遍？老师给安排的假期作业已经很多了，妈妈这不是雪上加霜吗？

完不成任务，假期都不能出去玩？妈妈对我也太心狠手辣了。

提高20名次这么高的要求，说得轻松做起来难，不知道该怎么努力才能达到。到时候完不成怎么办？ 想想就让人头疼。

**? 父母应该怎么办**

没有目的地行走，既不能使行路人感到愉快，也不能激发行路人的动力，这样的行走没有意义。学习也如此，没有目标地学习就像在黑夜中摸索，没有终点和目的地，学习者也不会积极、主动地去寻找最适合的学习途径。

兴趣是学生最好的老师，而目标是学习最强大的动力。明确、适宜的学习目标可以极大地激发孩子的学习兴趣，时时激励他们去努力追求知识，主动地学习。教育学家指出，人只要还在成长着，他就必须从一个目标走向下一个目标，没有了明确的目标，他的学习和成长便会停滞。而此时身边的每个人都在奋斗，都在进步，因此没有目标的孩子最终便会落后于他人，无论他曾经多么辉煌。

帮助孩子设置一个适宜的学习目标具有重要意义。适宜孩子的学习目标不能过高，也不能过低，而且要切合孩子的实际情况，不能违背孩子的意愿和要求盲目地给孩子设置学习目标。适当的学习目标可以激励孩子主动地发掘自身的潜能，自觉地积极地去学习。

那么作为父母，该如何帮助孩子制定目标呢？

### 1.尊重孩子的意愿

让孩子始终生活在轻松愉快的氛围中，激发他的自主性，但不要定下量化的目标。建议和孩子一起制订合理的学习目标。帮助孩子制订学习目标时，父母应该充分尊重孩子的意愿，在了解孩子的想法后，和他们一起制订学习目标。

### 2.在列任务单的时候注意不要好高骛远

有些家长和孩子喜欢把目标定得很高，比如，这个周末背100个单词，那个周末做20道习题……结果远远超出了孩子的能力范围，不仅使孩子感到疲劳，也使制定的目标无法实现，变成一纸空文。学习计划要切实可行，符合孩子的实际情况，通过孩子的努力才可以实现，取得良好的效果。

学习目标如果过于遥远和过高，往往难以激励孩子即刻采取行动去实现。因此，父母应该告诉孩子把大目标分解成一个个小目标，最好具体到每一天需要完成的目标。

比如孩子想要学好数学，这是一个长期的目标，那么具体到每一天的目标是什么呢？那就是学习完一节新知识要进行总结，并且做适当的习题来巩固知识。

没有小目标的实现；大目标就失去了支撑。父母在帮助孩子确立远大的目标后应该指导他们从小目标开始做起，让孩子感受实现小目标是通往远大理想的必由之路，每实现一个小目标就是在通往成功的阶梯上又上了一级。进而激发起他们学习的强大动力。

### 3.执行计划的时候要及时检查效果

当计划执行到一定阶段后，就应当检查一下执行的效果怎样。如果效果不好，就要找原因，及时调整。检查的内容包括：是否按计划去做了？学习效果怎么样？如果没有完成计划，原因是什么？安排松紧是否得当？等等。通过检查，再修订目标，改变原先不科学、不合理的地方。

父母是孩子人生中的第一任导师，应该时刻准备好指导孩子走出学习或者生活的误区。孩子的学习经验有限，制订出来的学习目标肯定有许多实践起来会有困难或者明显存在很大不足的地方。此时，父母就可以利用自己的经验，告诉孩子适时适当地修正自己的学习目标。

父母可以告诉孩子一些修正学习目标的方法以及修正的合适时间。例如当孩子发现自己制订的学习目标严重不符合实际情况或者实际情况发生了变化时，他们就需要及时修正自己的学习目标了。

### 4.列计划时不要贪心，要注意留出空余时间

一张一弛，才是学习和成长的最佳方法。在制定目标时，也要考虑睡觉、休息、娱乐、体育锻炼等时间，把这些时间也都安排到目标里面去。

### 5.鼓励孩子将努力实现目标

制定目标后就应该严格执行，但在执行过程中，也要根据实际情况需

要，不太过于死板。要注意和孩子及时沟通交流，及时调整修改目标，努力实现目标。如果学习目标与实际情况符合，父母就应该鼓励孩子把学习目标坚持到底。如果孩子缺乏坚韧的意志力，那么再好的学习目标也不过是镜花水月。

# 规矩可以商量，但执行不能讨价还价

芳芳上小学二年级。

有一次，为了对芳芳的学习进行鼓励，妈妈向芳芳提了一个要求，期末考试两门考试平均分上90分，假期就去香港玩。考试成绩下来后，芳芳数学考了98分，语文考了92分，芳芳得意地把成绩单呈给了妈妈，但妈妈这天恰好心情不好，看着凌乱的家和一大堆未洗的衣服，改变了先前的主意，说："最近妈妈真的特别忙，可以下次吗？"

孩子无奈，只好嘟着小嘴，什么都没说，心里却别提多别扭多伤心了，内心对妈妈的表现失望透顶。

又一次，妈妈说，"周末好好在家学习，妈妈回来带个烧鸡回来给你吃。"但因为妈妈太忙了，完全把这件事抛在了脑后。回来时候两手空空，芳芳看到时非常失望。芳芳问妈妈："妈妈，我今天在家学习了，很乖，您说要带烧鸡给我呢。"妈妈才突然想起来，但天色已晚。妈妈轻描淡写地说："妈妈忘了，可以下次吗？"

芳芳答应了，没觉得有什么不好。

过了一段时间，妈妈让芳芳做完作业把自己的房间整理一下，芳芳答应了。但许久之后，房间里都没有动静。妈妈问起，芳芳轻轻地说："今天太晚了，可以下次吗？"妈妈答应了。

为了提高英语成绩，妈妈要求芳芳每天背10个单词。可芳芳坚持了没一周，就开始找各种理由。每天妈妈督促她完成任务，芳芳都会说："今天太累了，作业好多，可以下次吗？"

妈妈愣了，听了这句似曾相识的话，什么都说不出来。

 **孩子的心里话**

有承诺不兑现，有规矩不遵循太正常不过了。父母的承诺都可以不兑现，我的承诺自然也不算什么。

另外，妈妈给我安排的收拾屋子的这个任务完成起来确实有点难度。这天作业比较多，做完都很晚了。虽然当时答应了妈妈，可妈妈一定能理解吧。至于背单词的事情，本来规则就是妈妈制定的。既然妈妈对自己说的话可以反悔，为什么规则不可以改变呢？

再说，以前我碰到作业多的情况，是妈妈主动提出取消背单词的计划的，当时妈妈也觉得没什么不好啊。

**父母应该怎么办**

想要孩子懂事、有规矩，不是要等到孩子长大后才教育的，而是要在学龄前给孩子建立必要的基本规则，让孩子知道对错是非，懂事有规矩。那么怎样给孩子制定规则最科学有效呢？

**1. 给孩子立规矩时，信号要明确**

比如，街上的黄灯亮了，那意味着你可以停步，也可以不停。有谁主动停过？不能只是告诉女儿，"我要迟到了，你要快点！"怎么快法？什么是快？并没有对孩子表达出来。立规矩时，需要明确地告诉孩子，这样做的后果，而且这个后果跟孩子的切身利益是相关的。

### 2.要就事论事，别轻易给孩子贴标签

如果经常说些"你从生下来就给我找麻烦"这样的话，会使孩子把自己和坏孩子联系起来，从而丧失信心。"既然我生下来就这样，那我也就只能这样了，那还有什么要改的？"所以不要把每件不好的事都和孩子联系起来。

### 3.惩罚一定要及时

孩子的长期记忆比较差。早上的事到晚上，孩子很可能早就忘了。父母实际上也没必要再说；对孩子的惩罚要切实可行。如果父母的话对孩子是个不切实际的"威胁"，这个威胁对孩子不起什么警告作用；立规矩的时候最好能把孩子不遵守规矩的后果明确告诉她。比如，孩子吃饭磨时间，父母一起床就要告诉孩子：30分钟吃完，否则端走。吃饭中途，可以提醒孩子一次，告诉还有多长时间。还可以添加一些额外的条件，比如按时吃完，给点奖励。不按时吃完，取消某个优惠。

### 4.给孩子树立规矩，一定要简单易懂，让孩子容易遵守

小孩子的理解能力没有那么深刻，自我控制能力也不强，立一些十分复杂艰难的规矩，非但不能够让孩子遵守，反而会让孩子糊涂；要把道理给孩子讲清楚，而不是简单粗暴地命令孩子，更不要摆出强权嘴脸——"你听我的！我说了算！"不要以为孩子小，什么都不懂。父母讲的道理也许孩子一时不能够完全领会，但是父母平和的语气和尊重孩子的态度，却会让孩子信任父母的判断，顺从父母的要求。实在复杂或者讲不明白的

道理，应该和蔼地告诉孩子："这是这里的规定"或者"这是咱们家的规矩"，"所有的人都要遵守的"。

### 5.立下的规矩就要遵守

对规矩的执行不能今天这个样子，明天那个样子，在家一套，外边一套。这样只会让孩子无所适从。所有的规矩都不仅仅是立给孩子的，父母也要严格遵守，以身作则。比如，要让孩子规律进食，父母自己就要在饭桌上举止规范，不挑食，不浪费。要让孩子懂礼貌，父母自己就要对所有的人——包括自己的孩子以及其他所有的孩子——使用文明用语。

### 6.不要以成年人的行为准则来规范约束孩子

天下没有十全十美的孩子，不要时时处处用成人的标准衡量孩子的一举一动。苛求完美，唠唠叨叨，没完没了，让孩子心烦意乱，不知所措。

# 出门前要"约法三章"

小严是个人见人爱的小男孩。他人缘很好，放学后总是喜欢找小朋友玩。

但让父母最放心不下，也最纠结的一点，不是小严在家里待不住，而是小严每次出去时都不和父母打招呼。

由于总是看不到人影，每到吃饭的时间，父母总是得挨家挨户地去找，着急得满头大汗。

有一次，由于好久都看不到小严的影子，妈妈都快急哭了。在找到小严后妈妈说："你知道我们找不到你有多着急吗？我还以为你出什么意外了，失踪了或是被人绑架了，心里慌得很。你就不能体谅体谅我们吗？"妈妈责怪着小严，急得都快哭了。

但小严的性子比较野，以后很多次次出门前还是不打招呼，或者很晚才回家。父母找到他还是只会狠狠批评他一顿，告诉他下次一定要提前和父母打招呼，让家里知道他去哪里了，防止找不到人的情况。但这样的事情还是不断发生，这让父母非常头疼。

有一天，爸爸语重心长地告诉小严："小严，爸爸准备给你新配一个手机。你出去了以后，爸妈找不到你时，就给你打电话。另外，记得每次出门时，给我和你妈妈说一声，我们好知道你去哪里了，这样我们也放心一些。"

小严很高兴地点了点头。以后，小严和父母的沟通就及时畅通了很多了。

 **孩子的心里话**

为什么要把自己的去向告诉父母？他们出门时也不会告诉我他们去了哪里啊。再说了，有时候我出去玩，地方都是随时变的，在去之前怎么知道最终会在哪里呢？怎么能做到提前告诉家里呢？

再说，让父母知道了我的行踪，我就不自由了。比如，他们可能会不让我和班里的"差生"来往。可他们是我的"铁哥们"，怎么能不管他们呢？

另外，我有自己的"小秘密"，不想全都让父母知道。比如我想和同学一起去玩游戏。他们肯定会不让我去，而让我好好学习，不会让我去那种地方的。

### ❓ 父母应该怎么办

责任心是一种道德素质和能力要素，作为健全人格的基础和能力发展的催化剂。它影响孩子的学习和智力开发，也是孩子成年后立足社会、获得事业成功、家庭幸福至关重要的品格。同时，责任心体现对他人的关爱，对孩子社会化进程起着不可替代的作用。父母应用自己的爱心、耐心和智慧去培养孩子的责任心，让孩子处处体贴、关爱他人，帮助其认识到自己是社会的成员。应尽到自己的责任。

#### 1.让孩子懂得父母作为监护人的责任和义务

知道孩子的去向和身心安全健康是监护人的责任。要向孩子灌输"爱"和"关心"的情感，让孩子明白家庭成员以及社会成员之间都具有相互关爱的义务。为孩子树立良好的榜样。配偶下班或是孩子放学回家时要起身热情迎接、嘘寒问暖，有事出门时相互体贴照应，平时注重情感沟通。在公共场所不大声喧哗、不乱丢垃圾。告诉孩子，无论是家庭还是社会的良好环境都需要大家来共同维持。

#### 2. 尊重孩子的隐私

要留给孩子一片属于他们自己的天地，与孩子坦诚相待。只要这样，当孩子遇到什么事或心中有秘密时，才会主动向父母谈起。父母越尊重孩子的隐私，孩子离父母就越近。

#### 3.注意与孩子沟通，并让孩子知道沟通的重要性

要试着了解孩子的想法，相信、理解孩子，并宽容孩子成长过程中稚嫩的想法和做法，培养孩子明辨是非的能力，倾听和征求孩子的意见和建

议，尽量以平等的身份和孩子相处。

# 提醒在先，贯彻执行不能第一次就打折

 情景再现

　　小莉是一名小学三年级的学生。每天晚上，父母都会监督她的学习，协助她制订第二天的学习计划。但是计划制订好后，却总是由于种种原因不能落实。父母和孩子都很郁闷。

　　比如，这天，爸爸给小莉安排的任务是：英文课文背会、新学的单词会写、预习新课文。小莉课文读熟了之后，只是背完了第一段，第二段开始就卡壳了。爸爸给她提醒了很多次，她才想起来。于是，后半段的课文，小莉干脆就不背了，照着大声朗读了起来。

　　要求当天新学的单词都会写，但小莉好几个单词都没记熟。但她看了几眼答案之后，就觉得自己已经会了。

　　至于预习新课文的任务，由于离睡觉时间已经很近了，小莉干脆就只瞄了一眼课文，说"已经看了一遍了"，预习的事情便一了百了。

　　结果，计划几乎都没有很好地得到落实。

 孩子的心里话

　　其实，爸爸那么宠爱我，我知道即使计划完成不了也没什么大不了的。爸爸只是会呵呵一笑，也不当回事。另外，有时候，爸爸给我定的目标显得太抽象、太空泛了，比如"预习课文"，我都不知道执行的程度，以及该怎么执行。

还有，因为计划是爸爸强行指定的，又不是我自己想要为自己加重负担。计划完成了也没什么意思。做完了，虽然爸爸会高兴，可也没什么奖励。做不完，爸爸也不会怎么批评我，而我会腾出时间来好好玩。

### ❓ 父母应该怎么办

孩子的成长是一个逐渐社会化的过程，刚刚出生的婴儿是完全没有规则意识的，他可以自由地吃喝拉撒睡，一旦需要得不到满足，往往以哭叫的方式来自由表达。随着孩子的发育，孩子开始跟外部世界发生更多联系。大约两周岁时，孩子就需要一定的规则和指导，以现实的、符合社会要求的方式来满足自身的需要。这时候，父母需要根据孩子的理解水平逐渐给孩子立规矩，了解社会规则、道德原则、风俗习惯以及行为规范。儿童成长的过程是一个规则意识逐渐形成、规则行为习惯化的过程。孩子规则意识形成中不可过多包容，需注意以下几个方面：

#### 1.以理服人

一般情况下，父母给孩子讲道理，他们是可以听懂的。就算孩子一时不能够完全领会，但是父母平和的语气和尊重的态度，会让孩子信任父母的判断，继而听从父母的要求。所以，父母一定要以理服人。

#### 2.在遵守规则的前提下给予孩子自由

规则不是死的，规则是人定的，有些规则可以在适当的情况下放宽要求。比如，孩子表现好了可以多吃一点零食，周末可以答应孩子多看一会儿动画片的要求，晚上也可以晚睡一会儿，等等，这样会使孩子减轻很多压力。在孩子得到很多自由的情况下，他们会更懂得自觉地遵守规则。在执行规则的同时，父母要相信孩子，偶尔一次的"犯规"不会使孩子养成什么坏习惯，要让孩子在遵守规则的前提下，给孩子充分的自由，这样孩子才有遵守规则的动力。

### 3.违背规则就一定要惩罚

孩子违背规则之后，父母就一定要给予惩罚，不然规则就会失去根本的约束力。

相对于某些父母的一些"狠话"，比如说"打死你"、"剥了你的皮"、"打折你的腿"，等等，冷处理效果相对更好。因为父母过激的反应会强化孩子的印象，而吓唬的作用是有限的，孩子会发现最后父母还是会疼爱自己。所以说，相对低调而严格的惩罚，会让孩子感到规则是不可违背的。

另外，对于惩罚孩子的方法应注意，打孩子是万万要不得的，暴力会摧毁孩子的自尊，在孩子的心里埋下恐惧、愤怒和仇恨的种子。父母一定要通过其他缓和的方式，来让孩子承受违反规则的后果。

# 第五章　因地制宜，
# 不同地方不同培养

# 37

# 在大街上，孩子乱扔废物怎么办

情景再现

周六，父母带着兰兰去逛公园。天气特别热，兰兰说："妈妈我渴了，想吃个甜筒。"爸爸给她买了回来，兰兰便一边走一边撕开包装吃了起来。包装纸便随手扔在地上，随风飘散。

妈妈停下了脚步，皱了皱眉头，对兰兰说："包装纸不要乱扔。"兰兰沉默着没说话。

妈妈拉长了脸，声调也变得严厉了起来，说："去，把包装纸捡起来，扔到垃圾桶里去。"兰兰嘟囔着说："不。"

妈妈说："不捡起来的话，咱们今天就别去公园了。"兰兰的脸憋得通红，噙着眼泪，泪水逐渐开始从眼角流淌出来。

妈妈变得更加声色俱厉，大声斥责说："怎么，没听见还是怎么着？快去把丢在地上的垃圾捡起来。"

路上的行人开始驻足观看。爸爸开始小声劝说："孩子还小，好好给她说，慢慢来。"说着，爸爸去把丢在地上的包装纸捡了起来，扔进了垃圾箱。

爸爸和颜悦色地对兰兰说："别看是一张小小的包装纸，丢在整洁的街道上多难看啊。不仅给环保叔叔阿姨增添了工作负担，也影响了市容。妈妈这么说是为了你好，我们要养成不乱扔垃圾的好习惯，在外面要注意社会公德，这也是我们作为普通公民的素养。"

**孩子的心里话**

不就是一张小包装纸嘛,有什么大不了的。打扫卫生的阿姨一会就过来把它清理干净了。要是街道总那么干净,他们不得下岗了吗?

再说,已经丢在地上的纸再捡起来,当着那么多人的面,多没面子啊。妈妈也太不顾及我的自尊心了。

刚才,妈妈对我语气那么严厉,脸色那么难看,完全是有意找我的麻烦。是不是她最近遇到什么不顺心的事了,拿我开刀?真倒霉。

还是爸爸好,一直都心平气和地对我说话,维护我的自尊心,还安慰我。

**父母应该怎么办**

很多人都意识不到这样一个问题:乱扔垃圾是损害他人利益的一种行为。爱护环境,不乱扔垃圾是一个人拥有良好社会公德的具体表现。如果父母也想拥有一个有着高雅气质、良好举止的孩子,就应该从小教孩子树立良好公共卫生意识,并且处处发挥榜样的作用。

### 1.言传身教

不同国家父母对待孩子乱扔垃圾这种行为的态度是截然不同的:美国的父母会对乱扔垃圾的孩子说,保洁人员是如何辛苦,最后会让他把垃圾捡起来扔到垃圾筒里。瑞典则很好地实行了细致到让人"发指"的垃圾归类。而在日本,父母从孩子一两岁起,让孩子出门一定要随身携带垃圾袋,教育孩子不乱扔垃圾。然而,中国的一些父母却是另外一种情况,不但自己随手乱扔垃圾,有的父母还教导孩子把手中的垃圾扔在地上,并且对孩子说,反正大街是有人扫的,自己不扔别人也会扔的。

所以如果要让孩子学会不乱扔垃圾,提高个人公共卫生意识的话,就得要从父母自身做起。言传身教对孩子有着深刻的影响,遵守社会公德的父母，也会影响孩子遵守社会公德；经常违反社会公德的父母，孩子自然也会养成不遵守社会公德的习惯。

### 2.学会聪明地处理垃圾

可能父母也曾经经历过这样的一个事情：喝完饮料的塑料瓶拿在手上，走了几公里都没有看到一个垃圾桶；口里有痰但是又没有合适的地方吐；果皮没有地方扔……其实很多时候并非人们自身就有乱扔垃圾的特殊爱好，而是公共设施不完善，这种情况下，还如何要求孩子爱好公共卫生呢？

但是公共设施不完善，可不是人们不爱护环境的借口。在外出的时候，最好随时携带小小的垃圾袋，安放暂时无处容身的垃圾；随时教导孩子把吃东西剩下的糖纸或果皮扔进垃圾篓；在小区或公园游玩，不可以往地上或水池里扔杂物；如果孩子身体不适有吐痰的需要，要提前准备袋子，将痰吐进袋子然后扔进垃圾桶，并尽量注意避开人群。

陈鹤琴先生曾说：人类动作十分之九是习惯，而这种习惯大部分是在幼年养成的。对于幼小的孩子，他们主要靠模仿来学习，所以，成人的一言一行都对孩子有着潜移默化的影响。父母、老师应有强烈的危机感、责任感和明确的环保意识，绝不做有损环境的事（如攀折花木、乱丢垃圾等），从一点一滴的小事上为孩子做出良好的榜样。

### 3.用生动多样的形式教育孩子

几乎所有的小朋友都喜欢听故事，看童话书。父母可以给孩子看《一个邮包》、《垃圾公主》，这些简单有趣、教导孩子爱护环境卫生的书籍。父母还可以用小黄人、灰太狼等孩子喜欢的卡通人物编一些小故事，教导孩子爱护环境卫生。孩子对这一类故事儿歌很感兴趣，他们会以故事里人物为学习的榜样。

另外，培养孩子环保的行为习惯，要以孩子已有的发展水平和兴趣为依据，以促进孩子主动参与为出发点，从激发孩子的动机开始，以情感为动力，使孩子把获得的知识和能力，落实到相应行为上。对孩子日常行为要有意识地引导，帮助他们强化对环境有利的行为，使这些行为渐渐成为孩子自然而然的行为，逐步培养成爱护环境的好习惯。

环保意识是一种重要的公民意识，不仅父母自己要意识到，更重要的是要让孩子头脑中打下深深的烙印。

# 在公园，看到喜欢的花就摘该怎么办

夏天来了，明明一家周末去逛公园。公园里的花陆续吐露了笑脸，争芳斗艳，姹紫嫣红。

明明看到那娇艳的花朵，惊叹道："爸爸妈妈，这花好美啊。"然后忍不住动手去摘。他笑着说："这朵戴在胸前。"说着，便把花插在了胸口的口袋上。走着走着，看到了更漂亮的花，便又去摘嘴里还说："这朵给妈妈，那朵给爸爸。"不一会，手上已经握了不少的漂亮的花。

爸爸看到了，忍不住说："明明，你看到花圃旁边的告示牌了吗？上面不是写着'爱护花草，人人有责'吗？花摘了，拿在手里，不久就会枯萎了。不要去摘它，它就能继续向大家展露它的芳颜。"

妈妈也说："明明，花草都是有生命的，你去摘它，它会痛，也会流泪的。"

明明不高兴了，嘟囔着说："不就是几朵花吗？不摘也会凋谢，摘了还能再长出来。"

爸爸妈妈劝说道："如果大家人人都像你这样，见花就摘，公园里很快就会无花可观了。"

 **孩子的心里话**

那些花真是太漂亮了，花瓣都像是锦缎一样，真想好好摸一摸。我实在忍不住才摘的。爸爸妈妈真是大惊小怪，不就是几朵花而已。只能看不能摸真是太没意思了。我也是很久没见到这么漂亮的花了。要是天天能见到，我也不会稀罕它们了。再说，公园里花那么多，我不过摘了几朵而已，有什么大的影响吗？反而弄得我一整天心情不好。

**父母应该怎么办**

为了美化环境，很多公园和小区都种有花花草草，这些花草需要大家共同来爱护。经常看到有的小孩摘花朵、踩绿草玩，有时父母就在一旁，既不制止也没看见对孩子指导教育，让这些孩子从小就养成了破坏花草树木的坏习惯。

爱护树木，人人有责，父母在平时就要教育孩子爱护花草树木。在春暖花开的季节，带孩子去公园或郊外春游时，父母可以告诉孩子：各种花草树木一直是人类的好朋友；它们给人类许许多多的帮助，人类的生活离不开它们，所以要像对待好朋友样爱护花草树木。父母还可以联系生活实际，让孩子试着列举花草树木的好处。

父母还要教给孩子爱护花草树木的方法，例如不踩树苗、草坪，不采花朵，不在树枝上挂重物，不在树干上刻画字，每年给树干穿一件白"裤子"（涂石灰水，不让虫子咬）、一件新"棉袄"（用稻草保暖）。总之，让孩子从小形成爱护花草树木的概念，并能用行动去体现。

此外，带孩子进行相关的参观活动，也是加强孩子环保意识的一个有效举措。比如，带孩子到附近的工厂、工地、马路走走，听听喧闹的汽车喇叭声、机器的隆隆声，感受噪声的嘈杂难耐；看看工厂烟囱里冒出来的滚滚浓烟，怎样使湛蓝的天空变成灰蒙蒙的一片，了解空气污染的严重性；看看工业污水的排放如何污染了城乡的水源，大量的森林砍伐造成的水土流失怎样导致河水日渐污浊，还有漫山遍野的"白色垃圾"如何剥夺人们不多的青山绿水……所有这一切都会让孩子强烈感受到环境污染的严重性和危害性，逐步确立环境保护的意识。

父母还可以借助于孩子喜爱的电视节目和孩子文学作品对其进行环保教育。例如动画片《地球超人》、童话故事《嘟嘟鸭星球》等都是对孩子进行环保教育的好教材。另外，父母可以经常给孩子讲解那些宣传环境保护的画报、图片，让孩子了解一些环保的基本知识，这样，就可以让孩子比较容易地接受有关环境保护的内容，树立起环保意识。

# 在游乐园，抢占、独占游乐设施怎么办

**情景再现**

五一假期，爸爸妈妈对小刚说："今天带你去游乐园玩。"小刚高兴地拍手跳了起来。

在游乐场内，有好多小朋友排队和打扮成"米老鼠"、"唐老鸭"的工作人员拍照。小刚跑过去，拉着"米老鼠"拍了好多照片，还不让别的小朋友拍照。爸爸妈妈说："拍够了吧？咱们再去看看别的有什么好玩的。"小刚嚷着说："我要玩碰碰车、过山车、蹦床、激流勇进！"

之后，为了抢着玩碰碰车，小刚还差点和别的孩子打了起来。双方的父母顿时觉得很尴尬，都赶紧把两个孩子拉开了。妈妈说："要懂得礼让，就让人家孩子先玩吧。"小刚感觉很委屈，辩解说："那台碰碰车是我先占到的，是他要和我抢的！再说，凭什么要让着他？"于是一整天都闷闷不乐，玩都没玩好。回家以后，小刚还为此愤愤不平。

 **孩子的心里话**

今天本来玩得挺高兴的，和"米老鼠"照了那么多张照片，好开心啊。但是在和别人抢碰碰车的时候，我抢到了，父母竟然还不向着我，还让那个孩子先玩，真是想不通。我俩都是一样的人，凭什么让我让步？真是郁闷死了。

**父母应该怎么办**

1岁的孩子会很乐意将他的玩具给别人玩，但人们很难和一个两岁的孩子分享他的玩具小汽车……不同年龄阶段的孩子表现出不同的分享态度，下面就来看看孩子分享的心理历程，培养孩子的分享习惯，让孩子爱上分享。

### 1.0至1岁的孩子——还不分彼此

有研究显示，12个月的孩子会与别人分享他感兴趣的活动，偶尔还会把玩具递给同伴玩，但是这个阶段的孩子，还分不清"你的"、"我的"、"他的"的概念。父母可以这样做：

当孩子主动把玩具递给别人，微笑着对孩子说"谢谢"。让孩子感受他的行为带来的积极反应。

### 2.1至2岁的孩子——都是我的

孩子开始形成拥有的概念，熟悉自己的物品，能叫出它们的名字，如"宝宝的小床""宝宝的玩具"等等。因为这是他用过的东西，所以不允许别人动。这是他为自己争取权利的一种表现。这个时期，孩子开始掌握"物品所属"的概念，但不能分得很清楚。不仅认为自己的东西是自己的，别人的东西也会认作自己的。

父母可以接受孩子分享的物品，如果当孩子将他的物品与父母分享时，父母一定要接受，而不是"宝宝真大方，奶奶不吃，给孩子留着吧"。如果一直这样，孩子会认为这只是个形式，父母并不会真吃。如果某个时候父母真吃了，孩子就会接受不了而哭闹或大发脾气。

在和小朋友一起玩时，要告诉孩子："这些玩具是你的，小朋友玩后还会还给你，别的小朋友也会将他们的玩具和你一起分享的，这样你们就能玩更多的玩具了。"孩子就学会了如何利用玩具与小朋友进行交往，也初步学习了人际交往的技巧。

在孩子的"物权"观念中，只要是他喜欢的就是他的，所以父母首先要承认孩子的所有权。如果孩子愿意和别人分享，要表扬孩子的慷慨举动，如果孩子不愿意分享，父母也不要勉强。"这是宝宝的小汽车，宝宝现在不想分享？那过一会儿宝宝想分享了再分享。"或者引导孩子关注对方的感受。

### 3．2至3岁的孩子——不分享，他会伤心

2至3岁的孩子会对伤心的同伴表现出某种同情和怜悯，比如，父母对孩子说："你看，你不给弟弟玩汽车，弟弟都哭了，给弟弟玩一会儿好吗？"孩子通常就会看着哭的孩子，把自己手中的汽车递过去。或者当一

个同伴提出要求或威胁时，也会诱发孩子的分享行为，如，"要是你不给我，我就不跟你好了"。但是，为他人而做出自发的自我牺牲行为在这个阶段中相对较少。

父母可以通过故事问答、角色体验等引导孩子体会他人的感受。比如，父母可以引导让孩子关注对方的感受，"你看，小朋友哭了，如果你想玩小朋友的玩具，小朋友不给你玩，你是不是也会难过呀？"

有研究发现，2至3岁的孩子，假如在自己没有玩具时接受过同伴分享的玩具，那么，当他们自己有好几个玩具而同伴一个也没有时，他就能以相同的友好行为将玩具分给同伴。但是，如果同伴以前曾拒绝过与他分享玩具，轮到这些孩子控制玩具时，他们也都拒绝与同伴分享。可见，同伴的影响非常大。所以，父母要鼓励孩子向乐于分享的同伴学习。

父母也要做出表率，因为父母对孩子的影响是潜移默化的，如果父母处处表现得很大方，经常拿出自己的东西帮助别人，或与别人一同分享，孩子也会模仿父母的样子，乐于与人分享。

父母既要鼓励孩子大方谦让，又要保证孩子在与人分享的同时满足自己的需要。如果孩子不想与人分享，不能强迫更不能威胁孩子。父母要注意给孩子机会，培养孩子与人分享的观念。同时，对小孩子，父母也不能有求必应。

### 4.3至4岁的孩子——不分享，没朋友

这个阶段的孩子已经开始意识到与人分享很重要，要不要分享可能跟有没有小朋友跟自己玩有关，但是这种认识还不是很稳定，因此这个时候的孩子的分享行为也不稳定。此时，孩子与人分享的原因经常是相互矛盾的、自私的："我分给他，是因为如果我不这样做，他就不和我玩了。"或者"我给她一些，但大部分都是我的，因为我年龄大些"。

父母要善于观察，发现孩子的与人分享行为及时表扬，并把小细节

放大在大家的眼前，在大家面前进行表扬，让孩子产生愉悦的与人分享体验，这样下次还会有"我还要这样做"的想法。长此以往有助于孩子内化与人分享的意识，养成乐意与人分享的好习惯。

有时，孩子有与人分享的意愿，但是不知道怎么做。如只有一个玩具，而有多个同伴想玩时，孩子由于不知道该如何与人分享，就会放弃与人分享行为。所以，父母在培养孩子的与人分享行为时，要注意让孩子了解和掌握一些与人分享的技能。如共同分享或轮流分享，这样，孩子的分享技能就会提高，分享行为也会增强。

### 5.4至5岁的孩子——分享，得到更多

这个阶段的孩子有更多的与人交往的机会，也就有了更多与他人相处的经验，这对于他们理解他人的心理状态及情绪情感有极大的帮助，因此会表现出更多的与人分享行为。

据调查，孩子最不愿意与人分享的是食品，特别是他们喜欢的食品，可见好吃的对孩子来说更具吸引力。而大多数的孩子对奖品的分享要比食品和玩具多。

分享不是失去，而是得到更多，应当在自愿快乐地情绪下进行。当孩子将玩具借给别人后，父母应按约定时间，替孩子取回玩具，让孩子明白与人分享的过程是安全的，并且因为与人分享，获得了快乐的感受，比如交到了新朋友，分享了小伙伴的玩具，感受了分享的乐趣，自然就会乐意与人分享了。

### 6.5至6岁的孩子——分享要平等

这个阶段的孩子合作意识和规则意识逐渐增强，他们还懂得，当资源较少时，每个人都应该得到数量相同的资源。例如，钱、玩游戏的次数或好吃的东西。

有时会听到孩子说"铭铭跟我是好朋友，我把玩具给他玩"或"你又不是我好朋友，我不给你玩"之类的话，这时可以和孩子一起讨论："如果只和自己的好朋友分享，别人想要怎么办？""如果别人也只把玩具给他的好朋友玩，你会怎么样？"让孩子通过情感的换位来体会、感受别人的心理，并学会站在他人的角度来思考问题，从而建立起平等分享的规则。

# 在赛场，输了比赛就扔东西怎么办

　　小正是学校足球队的成员。一次，学校组织年级足球联赛。赛前，小正和伙伴们练习了很多天，十分辛苦。比赛时，小正很努力地发挥，也和其他队员配合不错，但比赛最终还是以0：2惨败。整个足球队都蔫了，士气十分低落。小正很不服气，气得直咬牙。大叫："气死我了！"然后把衣服鞋帽什么的一股脑地都丢在了地上。

　　还有一次，元旦班里组织象棋比赛，小正下输了以后，低着头、红着脸不说话，然后竟然突然把象棋盘从桌上一把摔拉到了地上，还把象棋也扔到了地上，弄得全班同学吓了一跳。班主任听到声响后走了过来，询问了事情的经过，温和地批评教育了小正。小正什么都没说，眼睛红红的。

　　回到家后，小正把这事告诉了父母。父母也说小正做得不对。父母说："要懂得恰当地表达自己的情绪，注意方式方法。"

　　小正委屈地说："我只是因为比赛输了，心里不服气而已。"

**孩子的心里话**

我一直认为自己很优秀，应该做得比别人好。足球和象棋都是我擅长的项目，比赛拿到冠军才是正常的。何况足球比赛我还和队友们一起辛苦训练，准备了那么久，最后竟然输了，谁的心里能好受呢？在观看比赛的观众里还有我喜欢的女孩子呢，本来想好好表现的，这下输了比赛，面子都丢尽了，以后还有什么资本在她们面前摆酷？扔东西也只是表达一下自己失落的情绪而已。爸爸妈妈和老师竟然因为我扔了东西而批评我，不问清楚也不懂得其中的缘由，真是太不理解我了。

**父母应该怎么办**

从儿童心理学的角度来讲，孩子"输不起"是一种正常现象。无论做什么事情，孩子总是希望自己比别人强，以获得周围人的认可。可是因为孩子年龄小，各方面都不成熟，他们并不了解自己的强项和弱项，在人前或是在集体活动中，一旦不如人，他们就会表现出不高兴。

孩子"输不起"通常会有两种表现，一种是面对挫折和失败，采取回避的办法逃避困难。比如，妈妈批评小强学钢琴不认真，不如隔壁的玲玲弹得好，听到这话，小强就索性不弹了。另外一种是一旦在游戏中输了，就大发脾气或哭闹以示宣泄。在幼儿园，老师们常会遇到因为抢不到发言机会而委屈哭泣的孩子。

虽说好强是孩子正常的心理，但如果太在意每一次得失，就会影响他们与别人相处。面对"输不起"的孩子，父母需要费点心思，帮助孩子排除这种心理障碍，让他们体会做每件事所带来的各种情感体验。

在生活中，一些父母往往喜欢将孩子的成功当作自己的"门面"，赢了就夸孩子聪明、能干，输了就指责和埋怨孩子笨，这种教育方式是很不可取的。这样做很容易让孩子走向两个极端，要么失败了就爬不起来，要么就非赢不可。

作为孩子的第一任教师，父母在孩子个性形成过程中起着非常重要的作用。引导"输不起"的孩子，父母首先要平衡自己的心态，正确看待孩子的失败。当孩子在学习和游戏中受挫时，应该教育他们克服沮丧和悲观的思想，帮助他们分析失败的原因，建立积极的心态对待暂时的受挫。

在孩子阶段，父母应该尽可能地协助他们体验成功，建立起自信。但失败在生活中又是不可避免的，要让孩子将之视为另一种情感体验。在孩子情绪低落时，父母要多鼓励，帮助他们积极面对挫折。下面的几种方法也能够帮助逐渐培养起孩子抗挫折的能力。

### 1.让孩子对挫折有感性认识

在日常生活里，父母要潜移默化地让孩子间接地接触和感知挫折，让孩子对挫折有一个形象具体的认识。比如，父母可以陪孩子一起看看《狮子王》，给孩子讲讲《汤姆历险记》这样的小故事，可以用夸张的语气来描述故事中主人公遇到的苦难，同时要激励孩子向故事中的主人公学习，学习他们的勇敢精神。这些虚拟而生动的应对挫折方式能让孩子对挫折有初步的认识，让孩子了解生活中有许多困难和挑战，面对它们不能胆怯，要勇敢地面对，才能收获那份成功的喜悦。让孩子从故事中体验困难和挫折，能给孩子一个很好的心理培育过程。

### 2.让孩子逐渐学会在生活中体验挫折

现实生活中，孩子系不好鞋带，父母帮；孩子和伙伴发生矛盾，爷爷奶奶护；孩子和表哥表姐抢礼物，一群人帮衬。试想，这样一个事事顺心的孩子，走向社会能那么顺心吗？如果父母也曾经做过这样的"帮手"，那么赶快撤离这样的"帮手队伍"吧。因为，让孩子从小体验挫折才能让孩子在今后的人生道路上免于处处碰壁。

让孩子自己系鞋带，在一开始可能是一个"天大的"困难，但是让孩子自己一个人面对这个困难，他就会学着自己思考解决问题的方法，品尝失败后，再想其他办法，最后解决问题。当孩子骄傲地把小脚丫伸出来向父母"炫耀"他自己系好的鞋带时，想必这份喜悦和自信是其他东西所无法取代的。

除了一些自然的困难情境，父母有时候还应当刻意地"刁难"一下孩子，以此提高孩子对挫折的承受能力。对于孩子的一些要求，父母不要立刻就答应，而是延迟满足。这个过程能让孩子学会等待和忍耐，从而知道任何事情都是来之不易的。在与孩子相处或游戏时，设置一些小困难，不要处处顺着孩子的意思，让孩子初步体会人和人之间会存在摩擦，在人际交往中会发生意想不到的问题和挫折。

大人和孩子游戏时不要经常故意输给孩子，适当的时候玩一些输了也有奖励的游戏，奖励的前提是要孩子总结出输的原因。通过这种办法，可以平衡孩子"输不起"的心态。

### 3.要让孩子向榜样学习

榜样示范法也是供父母使用的不错方法。一是让孩子向伟人学习。如因失学挫折而奋斗成才的法拉第、华罗庚，身处逆境而奋斗不息的托尔斯泰、司马迁，承受生理挫折而卓有成就的贝多芬、高士其、张海迪等，都可以作为孩子学习的典范。二是让孩子向优秀学生学习。如身处逆境自强自立的洪战辉等。三是父母要做孩子的示范。在运用榜样示范法时，父母要注意用现实的、具体的榜样来引导孩子。如学校里那些家境贫困而成绩优异、身残志坚的同学都是在现实生活中孩子能看得见、摸得着、可感受得到的榜样，这些榜样将对孩子产生深刻的影响和持久的作用。同时，父母更应该注意自身的表率作用。在日常生活中，父母的一言一行、对待挫折的态度和反应等都如一本无字的教科书，无时无刻不在潜移默化地影响着孩子。因此，"为了孩子，父母的举动必须非常温和而慎重"。

良好的挫折教育必须建立在恰当的教育程度之上。在对孩子进行挫折教育时，应当考虑两个因素——孩子的年龄和他的承受能力。各个年龄阶段的孩子发展水平都不一样。另外，每个孩子由于性格、环境的不同，对挫折的心理承受能力也是不一样的。一些孩子会比较敏感，或者对某个方面的承受能力很差，父母就不应当一味地为了培养孩子的坚强而牺牲了孩子的快乐与健康。

目前，有不少父母认为，自己小时候吃过不少苦，现在各方面条件都好了，父母又只有一个宝贝孩子，因此，完全没必要，而且也不忍心再让孩子吃苦和经历任何挫折，这本也无可厚非。但是，孩子在一生当中不遇到挫折是不可能的。因此，作为父母，首先，应该有意识地容忍和接受孩子生活中的挫折情境，如孩子考试不及格、人际关系处理不好、受到同学的讽刺和挖苦等。这时，父母要鼓励孩子在挫折面前不灰心，积极寻找解决问题的方法。其次，还可以在日常生活中有意识地适当"创设"一些挫折情境，如周末可以带孩子远足、爬山；假期鼓励孩子参加公益劳动，进行勤工俭学等，以此来培养孩子对挫折的承受力。

# 在餐厅，不停地敲碗筷瓢盆怎么办

一天下午，爸爸妈妈都下班回来晚了，便对宁宁说："走，咱们今天去街边新开的那家饭店去吃晚饭吧。"

去了餐厅，坐了下来后，爸爸去点菜了。宁宁拆开消毒餐具的包装，开始摆弄起里面的餐具来。等餐等得不耐烦时，宁宁竟然拿出里面的筷子和勺子，在碗和杯子上敲击出一支美妙动听的音乐来。

旁桌的人闻声而扭头望去，看了之后都开始偷笑。服务员在旁边看了，也只是暗自发笑，忍俊不禁，却没有明确制止。

爸爸说："明明，这不是在家里，不能这么随意。这是在公众场合，要注意你的形象。"妈妈说："原来在咱们老家乡下，传统的说法是，只有叫花子要饭时才用筷子敲碗敲盆。以后不要这么做了，显得咱家的小孩没教养。"

宁宁停止了手中的"狂想曲"，嘴里嘟囔了几句，委屈地低下了头。

 **孩子的心里话**

干坐着太无聊了，我只是觉得这样敲出来的声音很好听，也比较好玩而已。

你们不觉得刚才的音乐很动听吗？我还觉得自己很有音乐天赋呢。

公众场合又有什么，那些知名的音乐人不是都是这样出来的吗？

你们是因为觉得那样做让你们很丢人吧？但你们这样说我的不是，真是太打击人的自尊心和积极性了。

爸爸妈妈，你们扼杀的可能是一个未来知名的作曲家呢。

**父母应该怎么办**

很多时候，父母都觉得孩子很闹，很烦。其实换一个角度来想，他们需要什么，如何把他们的需要和父母的需要达到一个平衡呢？在教育孩子的问题上，父母需要的是寻找一个平衡点，而并非责骂孩子。比如，带孩子出去吃饭或聚餐，先做好"预防"工作。出去前，先跟孩子说明状况，比如到餐厅不能大声喧哗，安静地坐在椅子上，然后，专门为孩子带个百宝袋，里面有他喜欢的东西，比如画笔、画纸、图画书、相册或小玩具等。

在等餐时，可先为孩子准备小点心，或带他们四处走走，缩短坐在椅子上的时间，看看餐厅周围的摆设或环境，让孩子有点乐趣。用餐时，别一口气就把孩子喂饱，而是和大人进食的速度差不多，否则小孩一饱就精力充沛，很难再坐得住。

在这个过程中，可从百宝袋里取出好玩的东西吸引孩子。比如拿出有很多图片的画册，让孩子一页一页地翻，画册比其他东西更适合带到餐厅，因为它不容易掉落一地。如果餐点餐盘都收走了，还可以拿出画纸和画笔让小孩涂鸦，但父母要给予欣赏赞美，让孩子想画下去。

还有一个不错的方法是寻找餐桌上令孩子感兴趣的话题，让他们有参与发表自己"高见"和"新闻"的机会。最经常的例子就是全家人在一起用餐，这时候既是孩子发表"高论"和"新闻"的极好机会，也是父母指导孩子如何思考问题的最佳时机，还是加深家庭成员之间感情的纽带。父母应让孩子说出他们的想法，切忌一人说了算的"家长式"说教。有的家庭，孩子刚一开口讲在学校的事，父母便严厉地说："别说话，快吃饭。"有时孩子认为讲话比吃饭更重要，可刚一开口就被堵回去了，孩子接受不了。久而久之，势必使孩子对父母产生抵触情绪，而且会使孩子形成孤僻的性格。

此外，父母还可以试试自然后果惩罚法。只要不对孩子构成伤害，也不影响到其他人，当孩子失去控制时，随便他去吧。他这种不良行为可能导致的后果会让他清楚而且更深刻地意识到自己的错误。比如，孩子在饭店就是不肯吃饭，并以大吵大闹来违抗。没关系，别管他，不吃就不吃，只要告诉他，如果他现在不吃，待会儿就没东西可吃。当他肚子饿了的时候，让他饿上一顿，一旦他体会到饿肚子给自己带来的难受劲儿，以后他就不会在吃饭的时候这么闹腾了。

父母要注意在餐桌上不要苛求孩子，更不能训斥打骂孩子，否则不利于孩子的进食，也易引起孩子的逆反心理。有的父母即使有客人在时，也不顾孩子的自尊心，当面数落孩子："上课不专心听讲，作业不整洁、考试粗心大意……说多少遍也无用，是不是有毛病？"把个平时很不错的孩子说得一无是处。应该多对孩子表示父母的满意，并以此将父母的期望与企盼带给孩子。

#  42

# 坐公交车任性，就坐某个座位怎么办

 情景再现

周六，爸爸妈妈和小丽坐公交车去参观博物馆。妈妈看到最后一排空着好几个座位，便建议说："小丽，看后面有好几个并排的座位，和爸爸妈妈一起坐到后面吧。"

小丽说："不，我想坐在这个靠窗的座位，好看看窗外的风景。"说着，便坐了下来。

妈妈说："这里人多，你一个人坐在这里妈妈不放心。"小丽噘着嘴，侧过了脸，就是不理会。妈妈急了，拉着小丽就想拽她走，说："你这孩子怎么这么不听话啊。快，和妈妈一起到后面去。"小丽用力地想甩开妈妈的胳膊。妈妈有点生气了，说："你想怎么着？"小丽垂下了眼帘，兴奋的小脸顿时黯淡了下来，再也不说话了。

旁边的售票员说话了："你们要到哪站下？没关系，孩子爱坐这就让坐吧，我帮着看着，到站了我会提醒你们的。"小丽才重新高兴了起来。

**孩子的心里话**

我长这么大，都是父母给我做主，把我看得太紧了，我连自己的喜好和选择的权利都没有。

今天去公园的路很长，一路风景很美，想坐靠窗的位子你们都不让。一点小事你们却看得那么重，弄得我心情都不好。辛亏售票员阿姨帮我解了围。

在家里，一点自由和自主权都没有，好无聊、好郁闷啊。你们就不能尊重一次我自己的意见和选择吗？

好盼望能长大，能拥有自己独立的生活和选择，能自由自在快乐地生活。

**父母应该怎么办**

孩子学习文明礼貌难不难？不难。孩子小，学什么都没障碍，没抵触情绪。父母叫孩子把垃圾扔进垃圾桶，孩子就会把垃圾扔垃圾桶；父母叫孩子乘车排队，孩子就会乘车排队；……为什么有的孩子小小年纪就显得那么有礼貌？那是因其父母从小教育得好。没受污染的孩子，学文明礼貌跟学说话一样容易，而且，一旦学会，就会化为自身的行动准则，走到哪儿都会运用自如。

可为什么有的孩子教起来那么难呢？刚教他不要乱扔垃圾，他趁父母不注意，随手又乱扔垃圾；刚教他说话要有礼貌，他对着老人又大吼大叫……那是因为错过了教育关键期，孩子已经形成了自己的不文明、不礼貌的思维、行为定式，改起来就非常不容易。两三岁的孩子，你叫他做什么，他就会做什么；五六岁的孩子，你叫他做什么，他会磨蹭、敷衍着按你的要求去做；八九岁的孩子，你叫他做什么，他会跟你讨价还价，你满足了他，他会听你的，你没有满足他，他就不会听你的；十几岁的孩子，你叫他做什么，得看他的脸色，他高兴做什么才会做什么，不高兴，你喊破嗓子，也不会按你的要求去做。

所以，许多好的习惯应从孩子很小的时候就开始培养，比如孩子乘坐公交车时的礼貌习惯，对此，父母可以通过跟孩子一起做游戏的方法培养孩子乘车时需注意的礼貌问题。我们可以用一排小椅子给孩子创设一个公交车环境，让孩子扮演司机、售票员、乘车的老爷爷、小朋友等不同的角色，从而知道公交车上尊老爱幼、注意安全事项的道理。

文明礼貌教育，宜早不宜迟，孩子拥有文明礼貌的习惯，会禁得住锻炼、考验，对社会文明、进步作出自己的贡献；孩子没有文明礼貌的习惯，会随波逐流，被抛在主流社会之外，成为边缘人。

# 在图书馆，跑来跑去大声喧哗怎么办

周末，爸爸妈妈带丁丁去图书馆看书。丁丁第一次来图书馆，特别兴奋，这看看，那摸摸，还不时激动地大叫。一会说："妈妈，告诉你一个好消息，我找到《哈利·波特与混血王子》的原版了！"一会说："爸爸快看，这里真是太先进了，还有触摸屏供大家检索！"去了趟洗手间，丁丁大笑着对爸爸妈妈说："我刚才碰到一个爷爷了，长得真像隔壁的王伯伯。他还对我笑了呢。"丁丁的欢声笑语惹得图书馆的读者们心头一震，纷纷投来了关注的目光。爸爸妈妈有点不好意思，小声对丁丁说："丁丁，这里是图书馆，是大家学习看书的地方，需要一个安静的环境。说话要放低声调，注意不要影响到他人。这是对他人的尊重和公民的基本公德。"

丁丁的兴奋劲一下子没有了。他垂头丧气地说："好的。"接下来，丁丁都乖乖地坐着看连环画，什么话都没说。

 **孩子的心里话**

第一次来图书馆，看到那么多好看的书和画册，真是太开心了。周一到学校一定要好好向同学们炫耀一番。

在图书馆里说几句话又有什么了？我没觉得影响到大家了啊。他们一定也觉得很无聊，我还给他们增添了乐趣了呢。爸爸妈妈因为一点小事就批评我，真是太大惊小怪了。

以前在家里和在学校里大声说话都习惯了。同学们都这样，我这样说话，有什么错吗？

平时学习压力太大了，我难得高兴一次。难道我无精打采、一言不发，我爸爸妈妈他们就满足了？

**父母应该怎么办**

带孩子去安静的场馆，孩子叽叽喳喳，大声喧哗，或带着孩子去别人家做客，孩子不顾一切大喊大叫，到处乱翻别人东西，欺负小妹妹，吃饭时很不老实等等，孩子的这些状况是不是让你很无语？别担心，不妨试试这些办法：

### 1.了解孩子自控能力的极限

每个孩子的控制力都不太一样，有的孩子能较长时间地控制自己，但是另外一些孩子则根本就难以控制自己。他们总在不停地动来动去，一会儿对这个好奇了，一会儿又对那个好奇了，似乎永远也没有可能受到约束。尤其带着孩子去图书馆，或者逛商场的时候，谁也没法指望孩子能够老老实实待在一边。因此，了解孩子能够控制的极限，并且在他厌倦之前尽快结束这种他无法忍受的行为，可以有效地避免孩子失去控制。

### 2.提前让孩子了解规则

提前把父母的要求明确而详细地解释给孩子听，让他有个心理准备。这样，当他遇到某种情形时，就能更好地控制自己。比如去图书馆之前，告诉他在图书馆可以做什么，不可以做什么，如果做了不该做的事情会怎样等等，孩子就会在进入图书馆之后表现得更好一些。

### 3.发挥榜样的力量

在幼儿园，有位老师组织一个中班的操作活动。活动还没开始，孩子就对操作材料非常好奇，嘈杂声出来时.老师用食指对着嘴"嘘"了一下说：材料孩子正在休息，请暂时不要打扰它。孩子们立即停了下来，有些孩子还对个别控制力差的孩子也用"嘘"来协助示意安静下来。可见榜样的力量是无穷的。

### 4.孩子做得好时，及时给予鼓励

3岁之内的孩子非常看重父母的评价，因此，经常表扬孩子，往往能收到非常好的效果。每次带孩子外出的时候，不时地夸奖他一句，给他一个热烈的亲吻等等，这种鼓励或者奖励会有效地提醒孩子，他做得不错，同时也在暗示孩子，他应该有什么样的行为，什么样的行为会受到鼓励。

### 5.离开现场

当父母发现孩子不守规矩，做出过分的行为时，立即制止他，警告他不允许做出此类行为，并向主人道歉。如果孩子对父母的呵斥并不理会，依然我行我素，带孩子离开现场，并找个比较安静的环境，让孩子冷静下来，耐心地告诉孩子这种行为对他人的影响，让孩子明白必须学会承担责任，并督促孩子向主人道歉。但要注意态度与语气，保护好孩子的自尊心。

### 6.事后教育

有的时候，孩子可能是因为在大小孩的误导下，做了一些错事，这种情况下，父母可以先冷处理，因为毕竟责任不全在于自己的孩子，如果当着众人面批评孩子，反而会让他感到很委屈。古代父母对孩子有"七不责"，其中第一条就是说：对众不责：在大庭广众之下，不要责备孩子，要在众人面前给孩子以尊严。建议父母采取事后教育的方式，回家后同孩子一同讨论今天的言行，让孩子进行自我批评与反省。

### 7.冷处理

如果父母已经教育过孩子，但是孩子再次犯同样的错误，别慌，父母只要看在眼里，并让孩子感觉到你的不满，如果孩子还没有意识到，也别做出任何举动。回家后对孩子给予必要的惩罚，让他对自己的行为负责。冷处理是孩子打破规则，失去控制的情况下非常有效的让一切恢复正常的方式。其实，大多数的情况，孩子在外面失去控制是因为他想通过这种方式获得父母的注意。这时候，不理睬他的行为是比较好的一种处理方式。比如，孩子在公共场合大喊大叫，可以尽快将他带到一个比较安静的角落，不理睬他，让他独自待上一两分钟，孩子的情绪就会平静下来。

# 亲友多，玩一会就"人来疯"怎么办

苗苗是一个独生子。家里经常搞聚会。他最喜欢家里人多的时候，尤其是小孩子多的时候。一到那个时候，他便带着伙伴们东奔西走，上蹿下跳，乐得不可开交。

这天，苗苗过生日，家里又来了一帮大大小小的客人，年龄相仿的小朋友们来了十多个，大家在一起喝茶聊天，热闹非凡。婷婷是隔壁王老师家的女儿。她怯生生地问苗苗："苗苗哥，可不可以看看你家的钢琴？"苗苗得意地笑了，拍拍胸脯说："怎么不可以？我这就带你去！"他兴冲冲地带着这帮孩子来到书房，一把掀开钢琴盖，左顾右盼道："谁来试试？"小刚自告奋勇地走上前来："我来给大家演奏一曲贝多芬的《命运交响曲》！"说完就噼里啪啦开始胡乱演奏起来。一帮小孩子都疯了似的，跳的跳，嚷的嚷。小龙给大家演示杰克逊的"太空步"，倒退走的时候，没注意，一不小心把钢琴边立着的那尊名贵的明代花瓶碰倒了。小伙伴们顿时傻了眼。

 **孩子的心里话**

家里只有我一个孩子，父母和我说话也总是把我当小孩看待，和他们说话一点意思都没有。

父母下班回来晚的时候，我就得自己一个人待着。平时和父母也没什么话题可以聊，家里好冷清，内心好无聊。好羡慕那些有兄弟姐妹的小朋友们，家长不在的时候也有人陪，可以一起玩，多开心。

我就喜欢家里来客人，越多越好！人多的时候气氛热闹，内心就不孤单了。我可以向小朋友们炫耀我的一切，让他们嫉妒我羡慕我！顿时自我表现的欲望真充分得到满足了！在大家面前显摆，感觉真的不错！

**父母应该怎么办**

孩子出现"人来疯"是有原因的：一方面，孩子随着自我意识的增长，他希望有人注意他的存在，为了证明他的存在就想出"闹"的办法。由于生活经验的局限，认为这种表现能够引起别人的重视，于是就采取了不恰当的表现形式。另外有的孩子可能是属于多血质外向型的孩子，活泼且表现欲很强，很喜欢在别人面前表现自己，但是由于不能很好地掌握尺度，也就有了如此的表现。也有的孩子由于家中的生活很寂寞，而孩子又喜欢探索，对外界充满了好奇，刚开始学习与人交往，不能很好地掌握交往的手段，家里来了客人就出现"人来疯"的现象。孩子这样做不是有意识的，完全是缺乏生活经验，不能控制自己的缘故。

这个时候，妈妈不能因为孩子喧宾夺主、妨碍大人交谈、有失礼貌、让客人哭笑不得等，而训斥孩子，更不能把孩子驱逐出去。如果父母这样做了，会伤害到孩子的自尊心，使得孩子以后怕见人，影响孩子身心的健康发展。同时也会使客人感到尴尬、为难。

因此，对"人来疯"这类孩子的教育要从表扬入手，不仅要纠正他们的过分行为，还要教给他们怎样与别人交往的办法。

### 1. 给孩子表现的机会

孩子的好奇心很强，但是持续时间又很短，如果父母给了孩子表现的机会，孩子的表现欲获得了满足，再哄孩子离开就很容易了。

为防止孩子反应不过来，父母最好在客人到来之前跟孩子商量商量。商量的形式如果能让孩子感受到父母对他的尊重，孩子接受起来就比较容易。

当家里来客人的时候，父母不要把孩子排除在外，而要把孩子当成主人，和父母一起招待客人。当和父母一起张罗给客人让座、倒茶、拿水果、帮忙拿东西的时候，孩子不但学会了待客之道，而且因为做了主人、参与了招待客人而有了一种成就感，成就感会催生责任感，以后孩子就懂得了待客之道，乖乖为客人服务，而不是打扰客人。

### 2．平时多和孩子一起玩

父母平时抽出一定的时间，陪孩子说说话、玩玩游戏、唱唱歌、遛遛弯等，让孩子感受到父母很爱他，孩子心里有底了，知道父母离开后还会回来，就不会过于黏父母。

有的父母妈妈对孩子比较严格，较早地给孩子立了各种规矩，使得孩子感到压抑。客人来了，父母碍于面子，就会对孩子疏于管教，孩子可以调皮、可以说笑了。于是，孩子就盼着有客人来，他们会抓紧这个时间尽情舒展自己童真快乐、活泼好动的天性了。孩子自控能力较差，难免把握不住玩乐的分寸，不小心就成了"人来疯"了。

如果平时，父母娇惯孩子一点，让孩子随意表露自己的喜乐，不随意惩罚孩子，只是告诉孩子什么能做什么不能做，不出问题就不惩罚孩子，孩子被关注、被宠爱的心理获得了满足，就不会轻易"人来疯"了。

### 3．父母不要太虚荣

很多父母为孩子有点才艺而骄傲，当家里来客人了，为了展示孩子的机灵聪明，就让孩子表演给别人看。受到表扬后的孩子，会把这当成获得荣誉的最好的办法，有的孩子甚至迫切地希望家里来人，当家里有人来了，表演欲就上来了。

所以说，父母不经意的行为，有可能成了孩子"人来疯"的促因。父母在生活中尽量不要给孩子这样的引导，即使要夸奖孩子，也要多夸孩子很努力，少夸孩子表演得好、漂亮，以免孩子养成爱虚荣的习惯。

### 4．扩大孩子与外界的接触，改变他们与陌生人的交往方式

由于父母工作比较忙，孩子很少碰到自己不熟悉的人，所以一旦看见陌生人，就显得很兴奋，他们没有和不认识的人或者不熟悉的人交往的经验。对于这种情况，父母应该在节假日的时候，多带孩子出门，逛逛公

园、商店，拜访亲友，让孩子的感官得到充分的刺激，对于碰到陌生人这样的事情也感到十分习惯，这样就不会在家里来了客人时表现过于活跃了。

# 在学校，喜欢推卸责任该怎么办

　　小超是小学二年级的学生。家里经济条件不错，总是给他零用钱买零食吃，他也总是调皮捣蛋，不好好听课。

　　有一次，上数学课，小超闲来无聊，偷偷从桌兜里掏出课前在学校旁边文具店买的一包巧克力豆。他悄悄地戳了一下同桌小倩，示意她吃。小倩在聚精会神地听课，没有理会他。他就撕下一片小纸条，写上："我刚才下课的时候买的。"然后不动声色地把纸条塞到小倩的小手里。

　　两个人在课桌下的动静被老师发现了。老师蹲到两人跟前，问道："你们俩在干吗呢？"小倩的脸更加涨得通红，嚅动着小嘴说："小超，他，他。"小超吓呆了，说："没有，我什么都没干。"老师发现了小倩手里的纸条，便说："小倩，你手里的纸条拿给我看看。"小倩把纸条交给了老师。老师说："这纸条是谁写的？"小超说："我不知道，不是我写的。"老师问："小倩，是你写的吗？"小倩流下了眼泪。

**孩子的心里话**

吃东西和传小纸条以前也没被老师发现和批评过。不是我不想承认，只是一时害怕，不知道该怎么应对而已。虽然老师和家长都告诉我们，男孩子应该敢作敢当，勇敢地承担责任，可不知道为什么，到了这种关键场合，就不由自主地说出了那样的话。

事情发生之后我也感到很羞愧，真的不知道该怎么做才能弥补自己的过失。

**父母应该怎么办**

在孩子犯错时，孩子因为逃避惩罚或缺少责任心而产生一种推卸责任的行为。这种行为的目的不在于故意推卸责任，而在于逃避惩罚，如怕父母打骂，怕幼儿园老师批评等。心理学家认为，孩子推卸责任，实质上是孩子自卫的一种心理，是一种相当普遍的现象。有关调查显示，处于成长阶段的孩子有推卸责任习惯的占百分之六十以上。

从孩子成长特点来看，5岁的孩子属于半被动半理解的责任阶段，开始明白"担当自己的责任"，但没有真正地理解什么是责任，也不懂责任的寓意。因而，5岁的孩子多爱推卸责任。这种行为多发生在与父母相处时，孩子总爱找各种借口为自己辩护，推卸责任，最典型的表现就是损坏或弄丢东西、偷吃食物，或打哭别的孩子等错误行为被发现以及考试成绩很糟糕时，比如，把玩具玩坏了，妈妈责怪他，他就会说是邻居家的小刚玩坏了。考试成绩很糟时，父母批评他，他就会说老师讲课自己听不清，这次考试题目太难，考试时旁边的同学总是做小动作，让自己受到了影响等等。也有的孩子会在不想做事时，推卸责任，如，玩完玩具，妈妈让他收拾，他说："爸爸说他吃完饭后会收拾的。"过了一会儿，妈妈再让他收拾，他就说："我累了，妈妈帮我收拾吧。"

这种行为在孩子犯错后更加多发，如，不小心将吃饭用的碗或喝水的杯子打碎了等。如果家中有姐妹的话，姐姐就会说是妹妹打碎的，妹妹呢，则会说是姐姐打碎的，不是我。如在幼儿园中打了小朋友，孩子就会说某某小朋友打的，不是我打的。孩子不承认错误，推卸责任，多是没有勇气，或怕受到父母或老师的批评与惩罚。

孩子推卸责任，多与父母或幼儿园老师教养方式不当有关：

一是父母对孩子简单粗暴，孩子如果犯错，非打即骂，而不是循循善诱地说服。因而，孩子就会为逃避责罚而"拒不认账"。在大人看来就是推卸责任、说谎。

二是幼儿园老师批评不当。如果幼儿园老师爱当众批评孩子，而孩子好胜心又强的话，那么，孩子就会感觉丢面子，为了保面子，孩子就会在犯错时推卸责任。

心理学家认为，孩子是在一次次新的体验中长大的。每一次过失，其实都是一次让孩子学习的好机会，当孩子犯了错误的时候，在他们的心里都有一种要接受惩罚的准备，这说明孩子已经知道自己错了。所以，孩子明白了自己错误的时候，父母就应当保持冷静，尽量不要大声训斥，更不要夸大其词恐吓孩子。否则孩子就会因为逃避惩罚而逃避责任，从而在潜意识里形成一种"我要是承担了责任，一定会没有好果子吃"的观念，这样一来，他们就会有意识地撒谎，这样的教育效果是和家长的初衷背道而驰的。

此外，孩子犯错了，父母千万不要轻描淡写地一笑而过，而要让他们明白，犯了错误就要负责任，比如：孩子打碎了家里的东西，父母最常见的做法就是问问孩子伤着没有，然后说不要紧，下次注意就行了，"战场"还得由父母来打扫，没孩子什么事。而下次孩子就不会再注意了．正确的做法是，可以表示关心，不责怪孩子，但应该让孩子明白他们应该负的责任，可以让孩子收拾好碎片，然后让他再去买一个新的。

其实，孩子总会有犯错的时候，父母不要太过在意，要允许他们犯错并改正。父母应当要求孩子勇于对自己的言行负责，不论孩子有什么样的过失，只要他具备承担责任的能力，就要让他去勇敢地面对，就不能让他逃避和推卸，更不应该去包庇自己的孩子。要鼓励孩子勇于承担，让孩子学会对自己的过错负责。勇于承担的孩子，不仅能获得他人原谅，还能加速走向成熟。

# 46

# 在车站，等车等人一分钟就烦躁怎么办

情景
再现

　　姥姥和姥爷住在离城区20多公里的县城。7月的一天，周末，小欢和爸爸妈妈一起去县城看望姥姥。

　　去县城的那趟车原本就少，这一天，不知为什么，等了好一会儿车还是没来。小欢开始抱怨了，说："车怎么不来呢？"然后在车站前前后后开始踱起了步子。

　　天气很热，树上的知了不知疲倦地叫着，就像小欢那颗烦躁的心。妈妈说："小欢，渴不渴啊？要不要妈妈给你买瓶水去？"小欢高兴了一些，说："好！妈妈我要一罐王老吉凉茶！"

　　一会，妈妈带着凉茶过来了，小欢踱累了，坐了下来，喝着凉茶，又耐心等了一会。车还是没来。小欢又不高兴了，小嘴开始噘得老高，脸色开始变得越发难看起来："车怎么还是不来？我都急死了！这得等到什么时候啊！早知道还能和小朋友们多玩一会！"说完，竟然捶胸顿足，大叫大嚷，开始撒起泼来。在车站等车的人纷纷投来异样的目光。

 **孩子的心里话**

我也不知道为什么会那么烦躁，可能只是没有习惯等待而已。平时和小伙伴们一起，总是能玩得很尽兴，时间不知不觉很快就过去了。

夏天天气热，人的内心原本就容易烦躁，加上等车等人的时候确实很无聊，整个过程越发枯燥乏味，时间就变得好漫长。

虽然只有那么一两分钟，但我最讨厌等车等人了，周围也没有好吃好玩的东西，等待的过程真的好煎熬啊。

平时在家，七大姑八大姨都让着我、宠着我，爷爷奶奶也总是围着我转，要什么有什么，多自在啊。现在，连个车都得等这么久，焦躁的坏情绪不由自主就立马弥漫开来。脾气一上来，我自己很难控制得住，就忍不住发作起来。

**父母应该怎么办**

耐心是一种良好的品质，有耐心的人做起事来有始有终，相对认真细致。与之相比，没耐心的人做起事来常常半途而废、马虎了事。对于孩子来说，他们的耐心需要后天来加强培养，父母需要用到一些好的方法。

**1.言传不如身教**

孩子的成长是一个渐进的过程。但在现实生活中，很多父母却急于求成，对孩子的成长过于急切，甚至会做出许多不利于孩子健康成长的举动。父母这种缺乏耐心的行为，给孩子留下了不好的印象，使孩子对父母产生畏惧感与隔离感，还会让孩子对学习产生逃避和厌倦感。作为合格的父母，必须要对孩子充满耐心。

怎样做有耐心的父母呢？首先，父母要以身作则，在日常生活里给孩子树立一个榜样。孩子如同一张白纸，父母是孩子最亲近的人。他们的一举一动也会深深地印在这张"白纸"上。父母需要注意自己的言行，努力做一个有涵养的人。

作为有涵养的父母，要具备自控能力的条件。不把负面的情绪带到孩子面前。要学会尊重他人，要讲诚信，有宽容心。要与孩子多沟通，建立一套大家必须互相遵守的规则。

其次，对孩子要有耐心。作为孩子的榜样，自己耐心都不足又如何教育好孩子？孩子在成长道路上会遇到很多问题，当孩子遇到困难与犯错时，父母要做的不是一味指责孩子，应该帮助他分析问题所在，找出错误的根源，一起面对并且加以改正。只有这样，孩子才能在良好的环境下愉快成长，长大后才能成为一个独立、有责任感的人。

### 2.有意识地延缓

现在很多家庭的孩子，都是父母眼中的孩子，孩子要求什么，父母家长能办到的，都会尽量去满足，但是无限制满足孩子需要并不是什么好事。在这种"立即满足"下孩子性格会变得急躁、任性、缺乏耐心，容易以自我为中心，无法感受别人的辛苦，理解别人的付出。日后做事情容易只凭兴趣，有始无终。

其实，父母需要学会延迟满足：当孩子提出要求的时候，先不要马上满足孩子的需求，而以渐进的方式或有条件地让孩子学习等待与接受。

延迟满足不仅仅是对孩子的一种教育，也对孩子的心理成长有着良好的帮助。不少测验表示，能够放弃眼前的诱惑，有较强忍耐力的孩子比难以抵挡诱惑的孩子更容易成功。通过自己的努力可以得到自己想要的东西，也让孩子更能感受到父母的付出，学会如何去体谅父母。

对孩子忍耐力的培养，父母需要做到以下两点：

首先，应该持有坚定的态度。不能动不动就满足孩子的愿望，更不能因为孩子的哭闹而妥协。

其次，要学会向孩子提出要求，适当地以条件作为交换。当孩子有需求时，父母也可以向孩子提出要求。比如，今天妈妈需要你认真地读一个小故事、妈妈需要你帮忙把地板打扫干净，或者乖乖地自己坐着吃饭之类的条件。只要孩子完成了，就能满足孩子的一个要求。但要对孩子说明不能马虎应付，更不能中途放弃。要教会孩子坚持到底，努力付出才有收获。

### 3.给孩子设置一定的障碍

由于父母的保护，不少孩子从小就走得一帆风顺，但一遇到困难，就变得不知所措，经不起风浪考验。父母应该意识到有必要给孩子设置一些障碍，让孩子在困境中变得更加勇于进取。但这里的障碍，并不是指那些孩子通过努力都不能完成的任务，而是日常生活中的一些小障碍，孩子可以通过自己的努力来克服。

周末，不少家长会选择带孩子去登山、去郊外游玩，这就是施教的好时机。当孩子在登山途中感到疲累，闹着不肯走的时候，父母一方面要学着拒绝孩子放弃的要求，另外要鼓励孩子"你是可以的"、"你很棒，只要再坚持一下就到目的地"。只有孩子自己坚持下去，才能提高他们的耐力。

要根据孩子的年龄特点设置障碍。早上起床的时候，可以要求孩子把自己的被子叠好，或者吃完饭让孩子学着清洗餐具，也可以在与孩子玩游戏的过程中，比如下跳棋，更改一下游戏规则，给孩子设置一点难题，让他学着动脑筋去解决问题。

安排孩子读一些伟人传记，对孩子的成长也别有裨益。通过阅读伟人的故事，让孩子了解到面对苦难和挫折时，自己需要有怎样的心态，需要如何通过自己的努力去克服这些困难。

# 47

## 过马路，无视红灯横冲直撞怎么办

**情景再现**

周六，爸爸妈妈带着平平去餐馆吃饭。平平兴奋异常，一路上高兴地蹦蹦跳跳。

过马路时，一群行人在路边等着指示灯变成绿色。一辆辆小车还在面前穿梭而过。平平等不及了，嚷着："冲啊！"然后就想拼命地以百米的速度穿过马路。

妈妈吓得脸色都变了，赶紧一把拉住平平的袖子。这时，一辆红色的越野车贴着平平的小身子发出了刺耳的刹车声，骤然停了下来。戴墨镜、染红发的女司机差点从座位上弹起来，发现没事，又泰然自若地慢慢开走了。妈妈摸了摸平平的头，吓出了一身冷汗。这时，一辆大货车又轰鸣着很快驶过。

爸爸有些生气地责怪平平："你看刚才多危险，怎么也不看着点红灯。胆子真大！"妈妈耐心地告诉平平："孩子啊，不着急，咱们多等两分钟没事的。以后过马路再不敢这样闯红灯了。"

平平也吓坏了，低着头，不敢说话。

**孩子的心里话**

虽然老师和父母都教我们说："红灯停，绿灯行"，可实际上，我每次过马路时，总是看到很多行人在绿灯没亮时就过马路了，所以自然而然我就习以为常了。

而且每次闯红灯时，发现车辆都是从我身边擦过，都会避让行人，所以我从来都没意识到闯红灯有多么危险。

爸爸妈妈有时候不也是这样做的吗？没等到绿灯完全变过来，就急着和"大部队"一起过马路了。和一群人一起过马路，那样不也挺安全的吗？

### 父母应该怎么办

当前社会交通存在许多问题。一是超员、超载、超速、行人乱穿马路、乱闯红灯、不走地下通道和人行天桥等交通违法行为大量存在；二是很多行人法制意识、安全意识、生命意识不强，不自觉遵守交通法律法规；三是交通安全管理和交通安全教育宣传社会化力度不够。交通安全教育宣传大多由公安交警一家唱独角戏，交通事故常有发生，其中孩子遭遇车祸的情况也较多。在对未成年人的意外伤害中，因车祸死亡的数字占到第一位，成为未成年人的头号"杀手"。统计显示，平均每41秒钟便发生一起车祸，每天有近40名中小学生死于道路交通事故，相当于每天有一个班的学生家长痛失爱子。因此，从小教育孩子了解和遵守交通规则，是非常必要的。

#### 1.父母应以身作则，做出表率

在国外，大人孩子都会按交通信号灯的规定通行，而在我国父母带着自己的孩子闯红灯、翻越中心隔离栏的现象屡见不鲜，孩子耳濡目染也养成了交通陋习。在汽车工业发达国家，每个人从孩子阶段开始就已经懂得上车要系安全带的道理，而我国大多数驾驶者可能是在获得驾驶证之后才意识到这一点，更别说是孩子。因此，为了让孩子能够获得扎实的安全观念，作为父母，应该认真学习交通法规，肩负起表率作用，不仅要随时提醒孩子注意安全，自己更应严格遵守交通规则，为孩子树立榜样。

### 2.父母要教给孩子必要的交通规则

父母应该让孩子了解必要的交通规则。孩子从两岁起开始用语言与人交往，能自如地运用言语表示请求、愿望、意见等。2至3岁的孩子有很好的记忆力，最容易接受成人的教育。父母告诉他什么事情该怎样做，他便会顺从地接受并记住。他可以遵守简单的规则和要求。因此对好奇心重、记忆力强的孩子而言，是开展交通安全教育的黄金时段。父母应从简单的交通规则教起，逐步教会孩子遵守交通规则。

有人认为，交通规则规定，6岁以下的孩子上街应有大人带着，对孩子讲交通规则有什么用？其实，即使大人带着小孩上街、坐车，也还应该把上面所说的那些交通规则告诉孩子，因为孩子是要长大的，总是要独自上街、坐车的。早点儿让他们了解一些交通规则，总比等他们独立活动时再急急忙忙地告诉他们更有利。何况，孩子有时和小朋友一起闯到街上或者在街上与大人走散的可能性也是有的，让他们平时了解一些交通规则，在他们独立活动时肯定是用得着的。

教孩子了解和遵守交通规则，要多用具体生动的方法。日本著名音乐家铃木镇一曾说过："孩子们有这样一种特性，只要他觉得有趣，他就会无休止地反复去做，于是在自然中形成一种训练。"所以父母们应尽可能采取生动活泼的教育方法。例如，在公共汽车上，对孩子讲为什么不应把手和头伸出窗外，小孩的印象就深。对于行人要走人行道等规则，也要在带孩子上街、过马路的时候边走边对孩子讲。另外还要注意告诉孩子，交通规则就是为了避免出事故才规定的，只要遵守交通规则，就可以保证安全；千万不要为了引起孩子注意，故意夸大其词地吓唬孩子，以免孩子以后过马路就紧张，反而更容易发生事故。

# 第六章 培养责任心，
要从学习生活的小事做起

# 不要让孩子有"差不多"的想法

花花上小学一年级。花花聪明可爱。爸爸妈妈送花花上了很多培训班，有钢琴、芭蕾、书法、游泳，还花了不少钱送花花上周末补习班，可花花就是不爱学习。

花花每天放学回到家，总是先看一会儿电视，然后吃晚饭，还得逗小狗玩一会儿，饭后去找小伙伴玩游戏，每次都得妈妈催着，才慢吞吞地去写作业。

花花考试每次都超不过85分，在班上一直处于中流水平。老师说，花花要是在学习上用点心思，一定能上95分。爸爸妈妈看着花花的学习态度，有些担心。妈妈听说有一个老师补课的效果很好，于是周末的时候，妈妈也为花花请来老师，希望能把花花的学习成绩提高一些。可花花每次都心不在焉，好像是应付差事一样，总是缠着老师讲故事，或者做游戏，却没什么心思放在学习上。

爸爸妈妈劝花花都用点心，说："花花，爸爸妈妈花了那么多钱为你请了老师来帮你补课，你可要珍惜啊。"花花满不在乎地说："我的成绩也不差啊。比张阿姨家的贝贝学习成绩还要好很多呢。"贝贝是出了名的调皮孩子，每次成绩不是倒数第一就是倒数第二。爸爸妈妈听了，无奈地叹了口气。

**孩子的心里话**

不是我不爱学习，只是爸爸妈妈你们给我安排的课余活动太丰富了一点，学习就变得枯燥乏味了。真的坐不下来，去啃那些无趣的数学题，背那无边无际的英语单词。

舞蹈、游泳、钢琴、芭蕾、书法，周末的时间都排得满满的，比平时上学的时候都累。而且这些技能课程，每一门我都努力了，虽然花了不少钱，可也是你们要我上那些课，坚持为我花的啊，和我有什么关系？

现在不是提倡素质教育吗？考试成绩要那么优秀干什么？努力了就可以了吧，80多分已经不算差了吧。难道每次考试还要我考满分不成？

**父母应该怎么办**

一个孩子成年后，能否在人生中取得成功，起决定性作用的除了他头脑中的知识和技能之外，更主要的是他的性格中有没有主动进取渴望成功的精神，有没有永不言败不屈不挠的精神、恒心及韧性。有的时候正是这种心灵深处的力量给予了孩子不断克服困难，力争出人头地的动力。

不断进取，渴望成功，是一个人在骨子里要出人头地的那股子劲，它的外在表现形式是人们平常所说的一个人的理想和抱负。当一个人有了他心中想要做的事情时，他会涌起要实现目标的冲动。这种要行动的冲动，会驱使孩子行动起来。而这种心灵深处的力量则源源不断地给孩子提供支持，帮助他们不断前进。当行动没有得到他想要的结果时，他会继续行动下去。这种韧性造就了他与众不同的性格。父母就是要从日常的生活之中逐渐培养起孩子身上的那种不服输的劲头。

常识告诉人们，一个人主动做事和被动做事，对做事的效率有很大的影响，那么，父母该如何从日常生活之中培养孩子心里的那股子劲呢？

**1.重视孩子的行动，并给予支持**

父母应该重视孩子所做的每一件事，并且积极地给予孩子肯定与支持。这个问题很简单，大家不妨换位思考一下，父母你觉得最有成就感的事是什么，父母最喜欢干的事什么，或者说父母觉得最成功的事什么，有的人会说，我觉得多挣点钱好，因为这样我可以做些我想做的事，做我喜欢做的事。有的人干脆就觉得如果我挣的钱多，那么比起之前挣的钱少的时候，有一种超越感，有一种成就感，或者，和那些同龄的人比起来有一种优越感。有的人也会这么想，我觉得最成功的是就是领导和家人肯定我的工作，我觉得我的自我价值得到了认同。也有人会觉得，我出乎别人意料地完成了一件事，我收获的是别人欣赏的眼光我有一种鹤立鸡群、与众不同的感觉等等。那么这所有的一切都是人们现在觉得成功的，自己喜欢干的，那么，应该想一想，是什么让人们有这种成就感，有这种超越别人的感觉？答案很简单，因为他的行为得到了别人的肯定和认同。当然作为孩子他也需要这种成就感和超越感以及鹤立鸡群与众不同的感觉。

人们在努力去追寻自己想要的东西时，实际上是有一面镜子一样或者参照物一样。它能够给予人们这样的肯定，它肯定了人们多赚点钱，多努力点，因为这样，人们最后才可以获得的是钱或者别人的肯定与赏识。在孩子的成长过程之中如何培养起孩子愿意多努力点，多思考点，多付出点的感觉呢？这个时候父母就需要慢慢地引导孩子，要记得"生活是一场戏，父母是导演，孩子是演员"，如果孩子的生活之中没有很好的参照物，那么父母就得帮孩子找到或创造出他自己生活的那面镜子。多给孩子以肯定，父母要知道如果孩子自己的付出得到了父母的肯定，那么他的干劲会非常非常大，他心中的能量会非常非常足。然而现在的家庭教育中这一个环节缺失现象非常严重。尽管人们都知道这么做，但是，真真正正运用到生活中的太少了。

人们的心理都有一种喜欢挑战的意识，关键的是把它激发出来。孩子每一次一件很小的事，父母都应该去鼓励孩子，并最终给予肯定，不管他完成得怎么样。也许这次他完成得不好，他自己也知道，但这时有了父母的理解与肯定，孩子肯定会在接下来的生活中继续地努力，一定会超越之前所做的，这种心理上的力量是培养进取心最需要的。

**2.尽量让孩子多体会到一些成功的感觉**

一个人是锐意进取还是原地徘徊，对人生的成就有决定性的影响。人们是什么样的人生态度，将决定人们有什么样的人生。当孩子在他的童年时，父母让他尝到成功的滋味，当孩子成功时，父母及时地表扬孩子，让孩子把成功与至高的快乐联想在一起，然后不断地鼓励孩子努力获得每一次的成功，让他在自己的人生经验中切身体会到成功会给他带来极大的快乐，时间一长，孩子尝到的成功所带来快乐的滋味越来越多，让他把对成功感觉变成一种生活的需要，这样他就会主动去寻找能够获得成功感觉的机会，由此产生出主动进取的精神。把每一件小事做到最好，把那种感觉藏到心里，这样就会非常有信心地去做下一件事。记住，进取心只能来自成功的体验，正如勇气只能靠勇敢的行为来磨炼一样。如果父母想让孩子有学习上的进取心，就要千方百计地为孩子的成功学习创造机会，务必让他有学习上的成功体验。即使孩子总比不过别人，也要让他经常有超越自我的体验。批评、责备与孩子的学习进取心和主动性的培养永远是背道而驰的，尤其是对存在学习障碍的孩子更是如此。

父母必须意识到，对于学习没有主动性的孩子，最重要的矫正措施是：降低学习难度，提高学习能力。这一降一升就会使孩子在愉快轻松的气氛中爱上学习，建立起信心与进取心。在成功的体验中学习，就能培养孩子的学习兴趣，孩子就会主动想着自己的学习。一个主动想着自己学习的孩子，还需要父母操心吗？放下父母的"鞭子"，父母就会拥有一个爱学习的孩子。

# 聪明的孩子更要努力

　　小雷今年8岁，长得虎头虎脑，长睫毛、大眼睛，人见人爱。

　　小雷从小就聪明过人，两岁就能背唐诗，5岁就能会熟练算加减法。自上学以来，小雷成绩一直出类拔萃。老师和亲友们都夸他是个聪明的孩子。

　　渐渐地，小雷学习就不那么用心了。他上课的时候开小差，和同学聊天，自习课吃零食，下午放学后总是和小伙伴们去踢足球，总是踢得满头大汗才兴冲冲地跑回家。于是，最近的一次期中考试，小雷的成绩排名从原来的班上前三名滑到了第十七名。老师找小雷的父母谈话，对小雷最近的表现表示担心。

　　回到家，爸爸妈妈问小雷："小雷，最近怎么不见你像原来那么用功学习了呢？"小雷满不在乎地说，成绩下降又有什么！你们放心吧。但是接下来的日子，小雷还是照样放学后就去玩，作业也是马虎了事。期末考试，小雷的成绩还是没能进得了前十名。

　　爸爸妈妈显得无可奈何，却又不知该怎么办。

 **孩子的心里话**

从小父母和老师就夸我聪明伶俐，我也知道自己很聪明。

我比其他同学作业做得又快又好，所以应该多玩一会儿。他们需要花两个小时才能做完的作业，我花1个小时就做完了。早点做完了作业，腾出来的时间，不就可以痛痛快快去踢球了吗？你们大人下了班还去唱歌、打牌，我们小孩子就不能休闲娱乐一会儿吗？

而且，我不需要很努力，成绩就能会很好。同学们需要学习非常刻苦，成绩才能勉强上90分。而我每次几乎不费吹灰之力，成绩就轻松上95分。所以我和同学们不具有可比性，不需要像同学们一样努力。

再说了，这次成绩下降也没什么大不了的。我好好努把力，很快就能提上去！你们等着瞧吧。

### 父母应该怎么办

孩子自以为了不起的自负心理，是自我认知缺陷的一种表现。一般地说，自负多表现在独生子女身上，或是表现在家庭条件较优越、具有某种先天优势的孩子身上。自负产生的原因是多方面的，但是从家庭这方面来讲，多是由于父母对孩子过分宠爱、不能正确客观地评价他们所导致的。上例中的小雷，聪明可爱使亲戚朋友们赞不绝口，同龄人对他刮目相看。这些过分的夸奖，客观上助长了他自视过高，不能正确评价自己，因而得意忘形，目空一切。这说明，孩子还缺乏全面客观评价自己的能力。如果成年人再对孩子评价不适当，就会给孩子带来一种错觉，以为自己真的像人家评价的那样毫无瑕疵。

自负的表现也是多方面的。有的孩子因自负而不能和同伴友好地相处，常常有高高在上、盛气凌人之感；有的孩子对大人傲慢无礼，不尊敬长辈，瞧不起成年人在某些知识方面有缺陷；也有的孩子因自负而不爱与人说话，不爱回答别人的提问，甚至变得爱挖苦人、讽刺人。自负是一种比较普遍存在的不健康心理，许多有专长或智力超群的孩子都易染上这种心理疾病。

自负往往会导致自满，使孩子丧失进取心，增长虚荣心。另外，自负心理还容易使孩子意志脆弱，经不起挫折和打击。例如，有一个少年歌手去国外演出，因为过于紧张，不小心唱跑了调。这位少年歌手初露头角时一帆风顺，习惯于掌声、鲜花、奖牌，对挫折的心理承受力太弱，一旦在国外演出失败，便失去心理平衡，结果以自杀告终。可以这么说：自负心理是他自杀的重要因素之一。

为了纠正孩子的自负心理，父母可以从以下几个方面去努力。

**1．逐渐改变对孩子的评价方式，对孩子的评价应客观实际**

孩子总是有不足的地方，父母不要因为溺爱孩子就不切实际地吹捧孩子，尤其不要在客人面前没完没了地表扬孩子，这样易形成孩子的自负心理。具体而言，父母可以在夸孩子时遵守以下三大规则：

（1）夸具体不夸全部

"你真棒"，这样的表扬对家长来说真是轻车熟路。在父母眼里，孩子的每一个成长细节都是值得惊叹和赞美的——孩子会笑了，孩子会翻身了，孩子会蹦了，孩子说话了。就是在这种不断的惊喜中，父母已经习惯于对着孩子说出"真棒！"、"真好！"这样的评价，甚至一句轻轻的"啊"都充满着赞赏的语气。父母随口的夸奖，可能意识不到会带来怎样的消极影响，直到有一天，发现孩子变得害怕失败，经不起一丁点儿挫折……

总是笼统地表扬孩子，比如"你真棒"之类，会让孩子无所适从。也许孩子只是端了一次饭，父母与其兴高采烈地表示"好孩子，你真棒"，不如告诉他"谢谢你帮父母端饭，父母很开心"。有针对性的具体表扬会让孩子更容易理解，并且知道今后应该怎么做，如何努力。

（2）夸努力不夸聪明

"你真聪明！"——又一个父母惯用的评语。父母对孩子的每一个进步如果都用"聪明"来定义，结果只能是让孩子觉得好成绩是与聪明画等号，一方面他会变得自负而非自信，另一方面，他们面对挑战会采取回避，因为不想出现与聪明不相符的结果。 美国的研究人员让孩子解决了一些难题，然后，对一半的孩子说："答对了8道题，你们很聪明。"对另一半孩子说："答对8道题，你们很努力。"接着给他们两种任务选择：一种是可能出一些差错，但最终能学到新东西的任务；另一种是有把握能够做得非常好的。结果2/3的被夸聪明的孩子选择容易完成的，被夸努力的孩子90%选择了具有挑战性的任务。

（3）夸事实不夸人格

"好孩子"这样的话是典型的"夸人格"，父母会无心地将其挂在嘴边。但"好"是一个很虚无的概念，如果孩子总被扣上这样一顶大帽子，对他反而是一种压力。

成年人也是如此，当领导不断夸奖你时，开始你还会沾沾自喜，但慢慢地就会感觉到压力，甚至不想做得完美，以便得到喘息的机会。

如果父母的称赞总是"言过其实"，孩子也会有压力，觉得自己不配这样的赞美。他们会怎么办呢？那就是在父母刚刚赞美完他的时候，他就做出让你头疼的事情，以示"真诚"。

## 2．给孩子适当的批评

父母对孩子的表扬要适当，对孩子的批评也要恰如其分。对孩子的缺点，既不能以偏概全，也不能掩耳盗铃、视而不见，而要客观地指出孩子的不足。这样可以帮助孩子正确地认识自己。

## 3．让孩子经受挫折

让孩子养成独立生活的好习惯，给孩子创造一点儿遭遇挫折的机会。经历适当的挫折可使孩子心理机制健全，不至于过分自负，经受不住任何打击。

# 要让孩子守纪律

情景
再现

　　小志今年8岁，上小学二年级，是班里出了名的"捣蛋王"。学校的校规和班里的班规在他眼里仿佛是透明的一样。无论是上课说话，还是下课和同学打架，还是不完成作业，他总是老师在班上点名批评的对象，班主任也为此很头疼。

　　家长也被老师请到学校很多次了，可小志还是不断地违反班里和学校的规定，并且对此满不在乎。

　　这天是周一，学校举行升国旗仪式，要求全体学生穿校服，系红领巾。可小志还是穿着日常的便装，想溜进去，被门口的保安发现，并挡在了门外。

　　小志不肯说出自己的姓名和班级。因此，他在保安值班室里待了整整一个半小时，耽误了上午的两节课，还差点遭到违纪处分，最终还是被班主任王老师领了回去。因为他，班里被扣了5分。为此，小志又遭到了一顿严厉的批评。

　　但小志对每次的训话和批评似乎已经习以为常，被训话时，只是站在那里，一言不发。班主任为此伤透了脑筋。

## 孩子的心里话

　　学校里这些规矩真可笑，为什么周一要穿校服，要系红领巾，周二就可以不穿了，穿校服跟学习能有什么关系？我们是来学习的，又不是来穿校服的。再说了，爸爸新给我买的衣服不知比校服好看多少倍呢，凭什么学校叫我们穿什么我们就要穿什么。

### 父母应该怎么办

意大利教育家蒙台梭利曾说过："规则给人自由。"规则能保证孩子在秩序中成长，让孩子能自己判断是非善恶，自发地建立良好的秩序与和谐的氛围。建立一定的规则可以帮助孩子形成良好的生活卫生习惯，促进孩子的健康发展；有利于培养孩子的独立性；培养孩子形成良好的道德品质；帮助孩子适应社会，更好地成长。

社会是一个整体，规则意识将影响一个人终生适应社会的程度，因此，对孩子进行规则意识及执行规则能力的培养不可缺少的。

孩子最常面对的规则就是校规。校规是面向群体提出的，用来规范一个学校的师生的语言和行为。校规的内容通常包括：仪容、出勤情况、禁带物品说明、室内行为、公共场所行为等。如教导孩子在室内不能大声喧哗；要尊重他人，不要打扰他人；爱惜公共财物，等等。内容相对比较固定。无论是家规还是校规，只要执行得当，都会起到良好的效果。

现代社会竞争日趋激烈，要想使孩子将来成为优秀的人才，必须从小培养孩子的忍耐力和纪律性，以便将来能面对巨大的心理压力和身体极限的考验。为此，父母可以通过日常生活中的一些小游戏有意识地锻炼孩子的忍耐力和遵纪性。

#### 1.以身作则，树立良好形象

父母、老师的一言一行、一举一动，都是孩子模仿的内容，因此，父母、老师要时刻注意自己的言行，做孩子的榜样。日常生活中的一些规则，如作息制度、卫生要求、礼貌习惯等；社会生活中的规则，如交通规则、公共秩序等，父母、老师要求孩子做到的，自己首先要做到、做好。

### 2.晓之以理，加强引导

父母、老师要让孩子明白规则的用处，让孩子知道规则无处不在。可让孩子想一想，如果不遵守规则会怎样？让孩子设想违规的后果，引发他对执行规则意义的认识。这样，孩子就不是被迫执行规则，而是自觉自愿地执行规则。父母、老师的任务是督促和检查，帮助孩子从他控向自控转化，促进内化进程。

### 3.让孩子做有限的选择

有限选择的方法对孩子的规则意识培养非常有效，如果想让孩子不在房间里跑来跑去，就应该让孩子选择现在是看书还是画画，而不是"现在我们来做什么？"漫无边际的选择会把孩子推到无法控制的规则之外。把孩子必须要做到的事定为规则，在这个范围内给孩子几个可选择的方向，这样不论孩子选择什么，他的行为都在规则之中，从而自然而然地接受规则。

### 4.在游戏中培养孩子的遵守规则的习惯

陪伴孩子玩游戏，对培养孩子的智力大有好处，同样有助于孩子忍耐力的培养。不少孩子在下棋时，发现走错了，常常向父母提出悔棋，有时甚至已经走了好几步了，还要回头重来，做父母的往往都会迁就孩子。在教孩子下棋时，有时允许孩子悔棋有利于孩子提高棋艺。但是，父母在陪孩子下棋时，应切忌让孩子悔棋，因为下棋虽然只是娱乐活动，但也有明确的竞技规则，应该让孩子在游戏中树立规则意识，这样，孩子进入社会后才会遵从基本的社会规范，对自己的行为负责。

### 5.通过体验后果，让孩子增强规则意识、养成规则行为

"自然后果法"是法国启蒙思想家、教育家卢梭在儿童道德教育方面提出的教育方法。它是指当儿童有过失行为时，成人不是去人为限制孩子的自由，而是用过失产生的后果去约束孩子的自由，从而使孩子明白其危害，并下决心不再重犯的方法。实践证明，这是用来培养儿童规则意识的一个比较有效的方法。它能帮助孩子内化规则，有效地控制自己的行为。

现在不少孩子在成长中常常出现各种各样的问题，其主要原因往往就在于心理承受力低，容易被一些意外的挫折打倒。所以，父母一定要加强孩子忍耐力和遵纪性的锻炼，铸就孩子强健的体魄和坚韧的毅力。

# 教育孩子敢担当

小鹏和小博是同班同学，是一对形影不离的好朋友。他们的父母因为工作往来，都认识，平时来往较多。

他们的班主任张老师从这个学期开始实行"民主化管理"，提倡"班干部民主选举"。

在"选举"前一个礼拜，小鹏通过为大家买零食、请大家出去玩、单个谈心等方式，开始大规模"拉选票"，在班集体投票那天，以压倒性的绝对优势，顺利当上了班长。

之后，他费尽心思，广集民意，平时搞学习小组，为大家安排各种休闲娱乐的项目。还时不时地搞点足球比赛、象棋比赛等等。但他放学回家都在忙着剪小红花、做板报，周末的时候还带大家出去玩，

忙得不亦乐乎。每次小博去找小鹏玩，小鹏都说没时间。小博心里别
提多难过了。

　　一次，双方家长碰面，小博的父母知道了小鹏是班里民主选
举的班长，十分感兴趣。回到家后，爸爸妈妈问小博："听说小
鹏被选上班长了！你当初怎么没试试？"小博被问得哑口无言，
过了好一会才默默地说："我能力不像小鹏那么强，不是当班长
的料吧。"

## 孩子的心里话

　　其实，当初看到小鹏被大家选举当上班长，我心里也很羡慕。

　　但是我自己胆量不够，也没那么强的能力。小鹏能带着同学们一起学
习、游戏，把大家组织起来，让大家那么听他的话，拥护他。换作我，一
定做不了他这么好。我其实有点害怕承担这个重任的，怕自己做不好，被
人笑话。

　　再说，当班长很累。看着小鹏当上班长之后，平时忙得连作业都没空
写了，周末连出来玩的时间都没有。

　　像我现在这样，身上也没什么责任，"无官一身轻"，自由自在，不
用为班集体考虑和付出那么多，不也挺好的吗！

## 父母应该怎么办

　　一直以来，领导才能都被认定是成功的重要条件。对于今时今日的年
轻学子来说，领导能力常常成为他们进入顶尖大学或是寻求好工作的关键因
素。成年人的领导能力主要是在童年及青少年时期形成的，甚至最早可以在
两岁时开始塑造。所以，尽早着手培养孩子领导特质才是最好的选择。

　　当班干部也是一种对孩子的鼓励，也是一种对孩子能力的锻炼。班干部
这个职务，对孩子来说，既是一种荣誉，也是一种约束。孩子当了班干部，就

会认为是老师或者同学对他的肯定，也是对他的信任，为了不辜负老师和同学的信任，孩子就会更加严格要求自己，就会处处起模范带头作用，还会更加努力学习，取得更好的学习成绩。另一方面，孩子当了班干部，也可以锻炼自己和老师及同学相处的能力，也能培养孩子关心集体和关心社会的思想。

那么，作为家长，应该怎样鼓励孩子当好班干部呢？

其实，领导能力统筹了以下几种能力：责任心，决策力，独立精神，解决问题的能力以及社交能力。社交能力则可以由自信的姿态和与他人有效的沟通来展现。此外，他们还要注重团队协作和灵活性，并遵守社交礼仪和准则。其实不论孩子的性格是内向还是外向，他们都有成为领袖的潜质，关键在于父母能否为孩子起到榜样作用，积极塑造孩子的领导才能，并为他们提供一个良好的家庭环境来训练和培养这种能力。

### 1.培养孩子分析问题、解决问题的能力

多给孩子机会让他们为自己做决定，使他们学会如何有效地思考和处理问题。从小事开始，如为自己选衣服，安排自己的学习娱乐时间等。然后让他们做更加重要的决定。与此同时，和他们交流如何取舍的原因是很有必要的，这可以让他们锻炼逻辑思考推理的能力，判断不同选择产生的后果。简单而行之有效的方法是和孩子做角色扮演练习：给孩子一个他们将来可能会遇到的难题，例如如何处理同学朋友之间的关系，让他们思考解决方法，然后讨论每种方法的利弊。另外一种方法是放手让孩子自己思考和解决生活中的问题，比如处理两件事的时间冲突。特别要提醒的是，不要强迫孩子参加父母给孩子准备好的活动。参加活动需要孩子真正的热情，激发其主观能动性和领导力，锻炼逻辑判断和决策力，方能在未来的学习生活中锦上添花。对于不少中国父母来说，让出对孩子的控制权是很难的。然而总是代替孩子做决断，恐怕永远也无法培养出孩子独立的人格去面对今后快节奏高压力的工作环境。

### 2.培养孩子的组织协调能力

父母要帮孩子培养如何清晰地表达自己的意志，与他人合作、捕捉情绪和非语言信息（肢体语言和面部表情）的能力。最基础的沟通练习就是让孩子体验多种情境交流。吃饭时鼓励孩子帮家人订餐，让孩子预约餐厅，家里电话铃响时让孩子主动接听，利用这些琐碎机会让孩子与他们潜在的老师、雇主和同事去练习交流。在孩子成长的不同阶段，一如既往地鼓励他们主动加入志愿组织，不断打磨孩子领导者的品质。小学时可以支持他们在班级中做志愿工作；在青少年初期则让他们去练习公众演讲；而在成年早期，学生们应该将自己的社区作为暑期实习和工作的起点，创立组织和社团，乃至领导更复杂的项目。在孩子们开始读大学时，多年的积累和培养将使他们脱颖而出。担任过领导者的学生身上所体现出来的主动性、目标性和对成功的渴求绝对会让没有领导经历的学生黯然失色。

### 3.要对孩子多加鼓励

父母平时要善于帮助孩子正确认识自己、分析自己，充分看到自己的长处，不断增强其自信心。当孩子做一件事时，对他说："我知道你一定会做得好。"当孩子成功后，就说："你果然做到了，不简单，真令人高兴！"孩子听了这些话，信心必然会大增。

### 4.给孩子提供机会。

管理人才是需要多加磨炼才能成熟的。平时在学校里，父母应该让孩子参加各种组织活动，如球队、夏令营、学雷锋小组、手拉手活动等，并在参加这些组织活动的过程中，支持孩子在团体内担任一些职务，以获得更多、更好的锻炼机会。

### 5.让孩子勇于负责

要成为领袖人物，除了模范地遵纪守法和遇到挫折仍坚持尝试创新、多谋善断之外，还必须具有勇于承担责任的精神。因为这是一个领导者应有的品质和风格。因此，父母要注意教育孩子从小养成高度的责任感，做一个品学兼优的好孩子。

# 52

# 重协作，不要总认为"和别人玩没意思"

情景再现

涛涛今年5岁，是个聪明但有点内向的孩子。他总是喜欢待在家里，一个人玩拼图、飞机模型、填字游戏等等，却不愿意出去找小朋友们一起玩。

在幼儿园的时候，大家一起围成圈做游戏，或者一群孩子在院子里你追我赶，在滑梯、转椅上闹得不可开交，而涛涛总是一个人安安静静地坐在那里，自顾自地玩耍。老师招呼涛涛一起参与进来，而涛涛总是看起来无精打采，很难参与和融入集体中。

对于这个问题，幼儿园的老师向涛涛的父母反映过多次了。其实，在家里，涛涛也喜欢一个人待着。每天，爸爸妈妈看着涛涛坐在那里，都有些着急，经常催涛涛说："涛涛，吃过饭就出去找同学们去玩吧。出去和别的孩子散散心、聊聊天，别老待在家里，都窝坏了。"

而每次涛涛都表现出蛮不情愿的意思，说："我不喜欢和同学们一起。他们总是叽叽喳喳的，说些没用的话。他们也不太理解我。和他们在一起玩真没意思。"

 **孩子的心里话**

我觉得小伙伴们的想法、话题总是和我的格格不入。他们说的话总是让我不知说什么好。

每次和他们在一起，我就感到手足无措，很紧张、害羞、自卑。

集体活动时，我也总担心伙伴们嘲笑我、看不起我，或者说我没用。每次大家轮流发言、做游戏，或者争先恐后表现自己的时候，我就压力很大。每次发现很多双眼睛盯着我，我就感到无地自容，恨不得挖个地洞把自己藏起来。

相反，一个人的时候，反而会感到很轻松，也感觉好很多。老师也会夸赞我的画画得好、模型拼得快。和小伙伴们一起每次实际上也做不了什么。我觉得还是一个人待着比较好。

**父母应该怎么办**

一个人的力量永远是微薄的，而团队才能聚集强大的力量，完成个人所不能做到的事情。一个懂得合作的人，更容易适应这个社会，并发挥积极的作用；不懂得合作的人在生活中会遇到许多麻烦，产生更多的困难并且无所适从。

如今的孩子大都是独生子女，任性、脾气大、与人合作能力差成为孩子普遍的弱点。那么，父母应该如何教导孩子主动与人合作呢？

告诉孩子，要学会生活，必须先学会与人合作。每年秋天，大雁都要飞到南方去过冬，它们往往排成整齐的V字形，在天空中飞行。这样飞行可以缩短路程吗？科学家研究得知：列队飞行，整个雁群飞行的路程非但不会缩短，反而要比单只大雁飞行的距离长73%。那它们为什么还要这样飞行呢？

科学家们进一步研究得知：当一只大雁拍击翅膀时，就会为后面的大雁制造上升气流。当领头的大雁疲劳时，就会轮换到V字形队伍的尾部，让另一只大雁占据领头的位置。后面的大雁发出"呷呷"的叫声，给前面的大雁鼓劲。大雁无论何时掉了队，马上就会感到独自飞行的阻力，很快会回到队伍中来。最后，当一只大雁由于生病或受伤而掉队时，会有两只大雁随它一起飞落到地上，帮助和保护它，直至受伤的大雁伤势好转或死去。然后，它们会加入新的雁群，或者组织自己的队伍去追赶前面的雁群。

对于大雁来说，互相合作已不仅仅是一种精神，更是一种生存的技巧。人类的生活也一样，如果能够学会与人合作，肯定会大大提高办事的效率。

要学会生活，必须先学会合作。在合作的过程中，孩子会渐渐学会如何协调自己与他人的利益，使得整体活动得以顺利进行。所以，做父母的应该尝试着培养孩子与朋友，甚至陌生人为了目标而合作。告诉孩子，团结的力量是强大的。

那么，如何才能帮助孩子学会合作，享受到合作的乐趣呢？

### 1.要让孩子学会尊重他人

尊重是相互的，尊重他人就是尊重自己。一个不懂得尊重他人的人，永远也得不到别人的尊重。当同学、老师或长辈讲话时，要注视对方，边听边想，如有补充或建议，要待对方把话讲完方可发表；当与他人讨论问题意见不一致时，要认真思索，允许求同存异，不强求对方接纳对自己的观点，更不能无端指责或嘲笑对方；当同学、老师、父母在做事时，不去打扰他们，要待他们把事情做完以后再去找他们，努力做到不给对方添麻烦。

### 2.要让孩子学会欣赏他人

欣赏别人就要对别人的优点、长处给予鼓励并虚心向别人学习。一个永远不欣赏别人的人，也就是一个永远也不被人欣赏的人。现在的孩子优越感强，很少遇到挫折。他们一般比较自信，甚至有的自以为是，很少看到别人的优点。因此，引导孩子正确认识自己，同时善于从身边不同人的身上找出闪光点，从而发自内心地去赞美和学习他人。这样，不仅自己能够得到发展和提高，同时也会赢得他人的欣赏与称赞。

### 3.要让孩子学会宽容他人

有句话是这样说的："世界上最宽阔的是大海，比大海更广阔的是天空，比天空更广阔的是人的胸怀。"生活中磕磕碰碰的事情时有发生，有时不小心而踩到了对方的脚，有时因一句话没说好而无意中伤害了他人……诸如此类的问题，要引导教育孩子学会宽宏大量，设身处地为对方想一想。每个人都有疏忽大意和犯错误的时候，学会宽容他人所有的摩擦和矛盾，也就迎刃而解了。

在这个过程中，父母还要注意帮孩子找伙伴，这比陪孩子玩更重要。两岁以后，孩子的注意力就会往外看，喜欢与自己年龄差不多的小朋友交往，所以父母要主动邀请邻居家的孩子来家里玩。出门玩耍时让孩子带些玩具，鼓励孩子和小朋友一起玩，待彼此都熟悉之后，再让孩子邀请别的小朋友到家里玩。

# 53

# 让孩子改掉拖拉坏习惯

**情景再现**

    小伟是小学三年级的学生。他爱跑、爱跳，爱运动，就是不爱学习。每次都要父母催很久，他才会不情愿地走进自己的房间开始写作业。有时，总是要等到交作业的最后时刻，他才会想起今天的作业没有做完。

    寒假到了。小伟和院子里的小伙伴里堆雪人、玩打仗游戏，捉麻雀，有时还下棋、看电影，每天都过得很开心。快乐的时光总是过得很快。不知不觉，假期一大半的时间都要过去了。一天，爸爸妈妈让小伟快点完成寒假作业，小伟满口答应，说："我从明天开始写。"结果，第二天一大早，小伟就和表哥一起去逛庙会了，快到晚上才回来。爸爸妈妈问小伟："你的作业什么时候开始做？"小伟说："今天好累，想想那一大堆的作业就心烦。真不想做啊。今天反正已经晚了，要不就从明天再开始写吧。"妈妈无奈地摇了摇头。结果，小伟的假期作业就这样今天推明天，明天推后天，还剩最后5天就要开学了，小伟才明白事情的严重性，开始慌慌张张补作业，熬了几个通宵才好不容易马马虎虎做完。父母看了都心疼。

## 孩子的心里话

    做作业好无聊啊，还是做游戏、出去玩比较轻松。谁不想快乐、轻松、无压力呢？

其实，我也羡慕那些作业做完，轻轻松松去玩的同学，觉得他们好厉害。自己作业没做完时，压力挺大的。我自己做作业做得还很慢，在做作业的过程中会遇到很多问题，很让人头疼。

而且，想想那一堆枯燥乏味的任务需要完成，内心就很痛苦。其实，出去玩也是缓解压力的一种方式。只有在玩的过程中才会感到好受些，作业没做完的事情好像也没那么严重了，内心的压力仿佛一下子都不见了。

再说，假期那么长，总有时间做作业的嘛。我现在过得这么悠闲自得，何不先多享受几天好时光呢？

## ❓父母应该怎么办

孩子不急父母急，这是当前教育中普遍存在的现象。孩子的作业没完成，这本该是孩子最着急的事情，可是，家长先着急起来了。他们担心的不是孩子的习惯不好，今后该怎么办，而是担心孩子写作业太晚了，影响身体成长；担心作业没完成，第二天孩子会被老师批评。有的父母甘愿牺牲自己，陪着孩子熬夜做作业；有的父母则干脆替孩子代笔，让孩子多睡一会儿。于是乎，孩子的作业成了父母的作业，孩子的"责任"也就顺理成章地转嫁到了父母头上。长此下去，孩子还会有责任感吗？孩子还懂得对自己负责、对老师负责、对父母负责、对家庭负责、对社会负责吗？

### 1.孩子拖拉习惯形成的原因

拖延习惯的成因是很复杂的，有生理的原因，也有心理的原因。总结起来，主要有以下这么几个方面的原因：

（1）不能独立完成作业或完成的速度很慢

原因通常是孩子上课时不专心听讲或听不懂，导致大部分作业不会做或一半左右不会做，做起来磨磨蹭蹭，速度慢，质量差。

（2）自我控制能力弱

这样的孩子在写作业时容易受干扰，导致分神，注意力不集中。旁边有人监督时速度一般会提高。

（3）责任意识淡薄

有的孩子对学习失去了兴趣，养成了懒散的毛病，导致不愿意做作业，或乱做、漏做、少做作业。

（4）视觉信息处理能力和书写能力发展滞后

有的孩子视觉不开阔，视点追踪速度慢，统合能力弱，手眼协调能力差，都会导致写作业速度慢。

（5）自我防御推迟

孩子为了抵抗父母在写完作业后又布置新的作业而故意拖、磨，到父母规定的最后时间才写完作业。

所以，父母发现孩子做作业拖拉磨蹭动作慢时，不能简单地催促、大声地吼和责骂，更不能打。消极的语言和行为会强化负面的结果，催促、责骂和殴打只能使孩子写作业更加磨蹭、更加拖拉、更加慢，而且还会使孩子对学习本身和对做作业产生厌烦心理，甚至厌学。

### 2. 父母怎样才能帮助孩子改掉拖延的毛病

（1）父母要让孩子正视现实

父母要让孩子勇于承认自己存在的拖延毛病，不要为自己找任何借口，同时要让孩子清楚拖延行为的危害性。

（2）要鼓励孩子

父母要帮助孩子分析拖延行为产生的内在因素，从而有针对性地采取对策。当孩子做事不成功，有畏难心理时，家长应当鼓励他、指导他，而不是一味地指责他。

（3）要培养孩子克服挫折的勇气

要让孩子懂得成才绝非一日之功，前进的道路并不总是铺满鲜花，而是荆棘遍地。遇到困难就退缩和拖延只能是暂时解脱，而非长久之计，最终会害了自己。

（4）用表扬代替催促

孩子做事情磨蹭的时候，很多父母喜欢不断地催促，结果越催促，孩子的动作越慢，父母就更生气。正确的做法是，孩子做某件事情的速度快，就表扬。如刚开始可以给孩子出几道简单的题，孩子在规定的时间内完成，父母要即时给予表扬。通过表扬，会激发孩子内在的动力。

（5）节约下来的时间由孩子自由支配

很多父母喜欢给孩子布置一些家庭内部的作业，比如孩子完成了老师布置的作业，父母会布置什么读英语，孩子刚读完英语，父母又安排做奥数题，等等。只要孩子有空闲时间，父母就会安排任务。所以，孩子的对策是化整为零，在写作业的时候边写边玩。这样拖很长的时间，由于老师的布置的作业没有完成，父母也不会另外安排任务。孩子写作业的过程就拖得很长。

所以，建议父母把每天老师布置的作业做一个大概的时间估计，将孩子每天需要完成的任务（包括家长布置的任务）进行一个时间预计。一定要给孩子留下自由支配的时间。孩子完成了任务，余下的时间就必须由孩子自己支配。如玩他喜欢的玩具，或者玩一会儿游戏机，进行一会儿体育锻炼等。养成这样的习惯以后，孩子会抓紧时间完成作业，因为早写完就有很多时间玩了。

# 54

# 不要让孩子打"小报告"

**情景再现**

小文今年6岁了，上学前班，是个听话的孩子。

小文的爸爸以前爱抽烟，小文的妈妈一点都不喜欢。每次爸爸躲在洗手间里抽烟后，妈妈一闻到烟味，就不高兴地大喊："你怎么又抽烟了？"为了小文的健康，小文的爸爸平时也答应了，尽量忍着不抽。

有一次，爸爸带着小文去买彩票，竟然中了50块钱的小奖。一时高兴，爸爸去附近的副食店买了一包香烟，还为小文买了一大包薯片作为"封口费"，反复叮嘱小文千万别告诉妈妈。

这天，爸爸因为小文弄丢了新买的电子词典而把小文狠狠训斥了一顿。小文非常不高兴。趁爸爸出去的时候，小文偷偷打了"小报告"，把爸爸上次买烟的事情告诉了妈妈。妈妈自然怒不可遏，等爸爸回来，妈妈把爸爸批评了一顿。

爸爸看着小文，想着这一系列事情，又急又气，哭笑不得。

 **孩子的心里话**

弄丢电子词典我也很难过、很懊悔、很自责。

但这件事又不是我故意的。这能算是我的错吗？因为这个就把我批评了一顿，好伤心啊。

虽然电子词典很贵，但爸妈却只心疼物品，不心疼我。难道爸爸妈妈把电子词典看得比我还要重要吗？

爸爸背着妈妈买烟抽，还不让我告诉妈妈，本身就是不诚实的表现。给我买薯片吃也只是为了让我不"举报"他而已，有什么了不起呢。

爸爸这样不公平地对待我，让他自己为自己犯下的错误受点惩罚，不是应该的吗？

看到爸爸被妈妈批评的那个惨状，我心里真开心啊。真有种报复的快感。

## 父母应该怎么办

孩子打小报告的理由和成年人没什么两样，这是一种使用权利的表现。面对孩子的告状行为时，父母首先需要并清楚孩子为什么要告状。一般而言，孩子告状无外乎以下这些原因：

一是为宣泄紧张情绪而"告状"。有的孩子与伙伴发生了矛盾，或受了委屈，而向成人"告状"。这实际上是孩子宣泄紧张情绪，减少忧虑，以达到心理平衡的过程。

二是检举他人，希望成年人对他的是非判断做出肯定。"告状"说明孩子有了一定辨别是非的能力。但孩子总是先看到别人的缺点，而对自己的缺点不容易发现。

三是孩子"告状"是为了寻求解决问题的方法。孩子遇到问题时常手足无措，他们便"告状"，以求成人帮助解决问题。

四是追求自我表现，想从成年人那里得到肯定的评价。

五是做错了事想逃避责任，免受批评和惩罚。

六是嫉妒他人，企图利用告状来贬低别人，抬高自己。

孩子心理学家杰瑞·维科夫解释道："打小报告使得一个孩子能占据上风，至少能在父母或老师面前获得了有利地位。"打小报告也有着自身积极的方面：它可以揭示出学前孩子向你表达自己立场的欲望，从一定角度表明孩子明白了规则的含义并且能够明辨是非。

那么父母该如何处理孩子的小报告呢？

### 1.查明事情的真实情况

在父母给孩子贴上"告密者"的标签之前，先放缓脚步来把真相弄清楚。的确，孩子需要逐渐学会不打小报告，但是在孩子早年，这种行为也是孩子知道寻求帮助的一种手段。

孩子还分辨不出什么信息是值得告密的，而什么是无关紧要的。例如，"爸爸，他在玩我的玩具汽车。"与"爸爸，他在大马路上玩耍。"很明显，这两种情况，前者只是恼人的情况，而后者则是危险的警告。父母需要做到的就是逐渐让孩子区分这两种情况，并且及时将有用的信息进行汇报。

### 2.不要使用赏罚

大多数情况下，孩子告密都是属于没事找事，表达不满的情况。因此父母切忌表扬告密者，而惩罚另一个孩子，这样会给孩子误导。孩子会在赏罚之中更加确信一点，那就是打小报告是正确的做法。

### 3.增加告密的代价

当孩子为小事而打小报告时，父母可以交给孩子一些事情去做，这会自然地加重孩子的负担，孩子便会知道以后不可以再这么做。例如，当孩子告诉父母，"哥哥抢我的玩具"，与其立即做出回应，不如对孩子说，"你为什么不把哥哥的行为画成一幅画呢？我稍后会来看的。"孩子会立即意识到，花那工夫去画画，多一事不如少一事。

### 4.探索备选方案

当孩子遭遇困境，向父母告密时，父母可以告诉孩子："如果你能冷静下来，告诉我发生了什么事，那么我给予你的帮助或许会更大。"随后询问孩子告密的动机，是为了让父母或老师惩罚对方，还是本能地维护自己的权益？事情的真相如何？父母这时可以给孩子几种任其选择的做法，让孩子了解清楚后再做决定。

# 怕苦怕累，在学校不爱劳动该怎么办

静静今年8岁，是小学二年级的学生。由于父母都是30多岁才生了她，爷爷奶奶也只有这么一个孙女，全家上下都对她非常娇宠，从来不让她干家务活，连地都没有让她扫过。

每次周末班级大扫除的时候，女生擦玻璃，男生扫地、倒垃圾。静静学着其他女生，把报纸蘸点水，开始擦，却只是做做样子，总是擦不干净。她还看着干净的袖子上粘着的尘垢，一脸厌恶的表情。她也讨厌教室里扫地扬起的灰尘，总是捏着鼻子，尽快地逃离了。待有的女生完成任务，收拾东西回家时，她也就偷偷跟着离开了。

植树节快到了。学校里组织二年级和三年级的同学去植树。静静在家里娇生惯养惯了，从来没干过家务活的她，一开始就躲在一旁，看着同学们在那里挖坑、栽树苗、填土、担水，自己却不肯出手帮忙，亲自参与。

家长会上，班主任对静静的学习成绩进行了鼓励，但向父母指出，静静在参与集体劳动的积极性上有待提高。

 **孩子的心里话**

我在家里就从来没干过家务活，在学校也不知道怎么干。无论我怎么努力，总是干不好，感觉很没面子，很受挫折，干脆还是不在同学面前丢人了。

学生只要把学习搞好就行了，集体劳动时有这么多人呢，又不在于多我一个少我一个。

女孩和男生不同。那些又脏又累的活理应让男孩子去干。女孩子只要干些辅助性的、轻松点的活就可以了。妈妈从小就教育我要做个淑女。看着那些女生像男孩子一样去担水、填土，觉得她们好傻。我穿得这么干净、整洁，去干那些粗活，看起来一点都不美。

**父母应该怎么办**

现在的孩子大多数是独生子女，备受父母的宠爱，有些父母无条件地满足孩子的要求，使孩子容易地得到许多物质享受，不懂得什么是苦，什么是累。比如有些孩子，懒得铺床叠被，懒得洗袜子、洗手绢，懒得收拾书包、收拾桌子，甚至于懒得洗脸、洗脚，连喝水也要别人替自己倒。

孩子不爱劳动，通常有几个原因。

第一个原因是父母看到孩子的学业负担重，功课太多，安排劳动有困难。这是当前的实情，但是，是否一点时间都挤不出来呢？也不是。有些孩子不是"做"作业，而是"磨"作业，20分钟的作业，40分钟还"磨"不完。如果改掉磨蹭的毛病，就有时间劳动了。换句话说，如果安排了必须完成的劳动任务，"磨"的毛病也可能改得快些。

第二个原因是父母怕孩子干不好，还不如自己干痛快、省事。父母要知道，越不让孩子干，孩子越不想干，越不会干。劳动习惯必须有一个培养过程。今天怕麻烦，明天的麻烦会更多。

第三个原因是父母可能有一种误解，认为电气化、自动化程度越来越高，不论社会工作还是家庭生活，需要的劳动越来越少，不必让孩子劳动。其实，高科技化前提下的劳动并不是轻松的。父母只要想一想，为什么有人在电脑前晕倒，甚至有人逝世在电脑前面，就会知道坐在电脑前的工作，其体力和脑力的消耗是非常大的，没有经过劳动磨炼的人，很难胜任。

第四个原因是父母心疼孩子，怕孩子吃苦受累。有的父母认为今天的孩子就是应该享福的一代。情感占了上风，对孩子的劳动教育被忽视了。据调查，英国小学生的每日劳动时间是72分钟，韩国是42分钟，法国是36分钟，而中国仅仅是12分钟。中国孩子的劳动是不是太少了？

不管原因如何，父母还是要明白，孩子总有一天要离开父母，自己去面对生活，为了孩子健康地成长，从教育的角度讲，父母应该让孩子知道什么是苦、什么是累，应该去努力培养孩子适应各种环境的能力，使孩子从小具有良好的意志品质。那么，从何着手呢？

### 1.体会生活的艰辛

如果孩子的一切由父母包办，孩子就不易知道生活的艰辛。为此，在家庭中应适当地让孩子做些事，如让孩子照料一盆花，每天给它浇水，定期施肥，经常观察盆花生长变化的情况。当盆花在孩子的精心照料下，开出鲜艳而美丽的花朵时，会使孩子从中体会到做一件事，必须付出自己艰辛的努力。

### 2.抓住学习动机最强烈的时机

从孩子的发展过程来看，孩子都是喜欢做事的：开始学走路就不要大人抱，学吃饭的时候不要人喂，要自己舞匙弄筷地吃；给他穿衣服，他还会抢着自己套上身……这些时候，便是孩子学习做事情最强烈的时候。父母应耐心地教给孩子做事的方法，指导孩子做好他们想做的事，使孩子享受到"我会做"的喜悦和成就，千万不要顾虑到安全或觉得麻烦而不肯让孩子尝试，让他们错失了学习的最佳时机。

### 3. 让孩子养成有始有终地完成一件事的好习惯

要求孩子做一件事，要让孩子认真地、有始有终地完成。有的孩子在做事过程中，遇到困难，或是被其他事物所吸引，就丢下手中的事去干别的了。父母跟在后面收拾孩子丢下的"尾巴"。对待这种情况，父母一定不要迁就，要让孩子做完手中的事再去干别的。

### 4. 教孩子学会自己克服困难

不怕苦、不怕累的良好品质是在不断地克服困难中磨炼出来的。孩子做事遇到了困难，父母不要直接帮助，而要启发引导孩子通过努力自己解决困难。孩子会在克服困难的过程中产生自信，得到锻炼。

### 5. 以游戏的形式鼓励孩子做事不怕苦、不怕累

孩子年龄小，自控能力差，对于不感兴趣的事往往不能长时间专注。父母可以根据孩子这一特点，以游戏的形式鼓励孩子做事不怕苦不怕累。如：带孩子外出，孩子走累了，缠着爸爸妈妈要抱。这时，父母可以跟孩子说："咱们来当解放军吧，看看谁先回到营地。"孩子会一边学着解放军的样子，一边继续往前走。对于年幼的孩子来说，他的生活就是游戏，学习做家务也是一种游戏。要他收拾玩具的时候，父母可以这样说："玩具宝宝玩累了，他们要回家睡觉了，让我们送他们回家吧。"开饭的时候父母可以说："妈妈当厨师，你当服务员，请服务员帮忙把菜端出去。"当孩子感觉做家务就像玩游戏那么有趣时，他们一定会喜欢做。

# 第七章　干点家务，
# 责任心从小事培养

#

# 力所能及，洗洗小衣服，帮父母刷刷鞋

　　小旭是个7岁的可爱男孩。他聪明又懂事。

　　从小，看着妈妈在厨房里忙碌，他就关心地跑过来，问妈妈："妈妈，要不要我帮忙？有什么我可以做的吗？"妈妈总是笑着摇摇头，说："好孩子，妈妈这里不需要你帮忙，快去一边玩吧。"久而久之，小旭就养成了不做家务的习惯。

　　一次，学校里组织劳动比赛，项目是洗衣服，其他同学都洗得又快又好，只有小旭洗得既慢又笨手笨脚，费了多半袋洗衣液，衣服的领口、袖口还是没洗干净，全班同学都替他干着急。

　　回到家，小旭很难过地将事情经过告诉了妈妈。妈妈笑了，安慰他说："这有什么了不起的。以后，你的小衣服就自己洗，洗多了就熟练了。"

　　从此，小旭的内衣就坚持由他自己来洗，慢慢能洗得又快又好。他还向爸爸学会了怎么刷鞋油。没事的时候，他便帮爸爸把皮鞋刷得锃亮。

　　班主任老师知道了以后，夸赞小旭的自理能力提高很快。

**孩子的心里话**

看到爸爸妈妈做家务时忙碌，我也很想帮忙，为他们分忧解难。

如果爸爸妈妈能相信我、信任我，给我展现自我的机会，我会很积极主动地去做。

那天，通过参加学校的劳动比赛，我才知道自己在这方面和同学们有了差距。洗衣服再怎么努力都洗不好的时候，真的很受挫折。这也激励我在这方面加强锻炼，把落下的功课补上。

后来，通过自己洗自己的衣服，帮爸爸妈妈擦鞋，我发现自己可以干得很好，甚至能干一些他们做不了的事情。这让我骄傲、自信了很多。自己也觉得自己长大了。

**父母应该怎么办**

任何一个孩子，都是由于父母的教育和环境的影响，才形成了不同的人格品质和能力的，放手让孩子去做力所能及的事情，父母可以因势利导，把握孩子这个时期的心理特点，在保证孩子安全的前提下，放手让孩子去做力所能及的事情。

首先，在日常生活中，本着"大人放手，孩子动手"的原则，培养孩子的自理能力。在现实生活中，有一些父母怕累着孩子，怕孩子做不好，自己重新再做太麻烦，因而不让孩子做一些力所能及的事。还有一些父母认为，吃饭、穿脱衣服等生活技能是不用训练的，因为小孩长大自然就会。其实这些观念都是不正确的。从孩子发展的观点来看，不给予孩子锻炼的机会，就等于剥夺了孩子自理能力发展的机会，久而久之，孩子也就丧失了独立能力。所以父母要本着"大人放手，孩子动手"的原则，让孩子做一些力所能及的事情。当孩子完成一项工作后，父母要给以适当的肯定和赞赏，当孩子的存在价值被肯定，自己的工作能力被肯定，他们也会感到无比的兴奋和快乐，在很大程度上增进孩子的自信心。

其次，尊重孩子的好奇心，激发孩子探索的兴趣，培养孩子独立思考的能力。父母应该尊重孩子的好奇心，千万不要因为孩子提的问题过于幼稚而加以嘲笑，以免伤害孩子的自尊心。随着家教观念的更新，有一些具有现代家教观、教子有方的父母，注意创造机会，从小培养孩子独立生活和独立思考的能力。父母可以给孩子讲一些科学家、发明家成长的故事，以激励孩子从小立志，培养孩子对学习新知识、探索新问题的兴趣。

同时，还要创造机会，让孩子感受挫折，培养孩子自我抉择、解决问题的能力。父母经常说孩子主意不好，应该听大人的，实际上孩子有主意是件好事。他有自己的看法，自己的认识，应该给孩子创造机会培养他自己拿主意的能力。独立生活能力差的孩子依赖性强，缺乏进取心和毅力，遇事容易打退堂鼓或把任务转给成人。这大多是成人娇惯、包办代替的结果。那么孩子的成长也是一样，大人应给孩子创造机会，培养孩子自己做选择和处理问题的能力。让他在尝试的过程中感受失败，碰钉子，这样孩子就会从失败中吸取教训而成长起来。

当然，在现实生活中，虽然不少爸爸妈妈想让孩子学做家务，可是苦于没有科学系统的方法，为此，本书向父母提供了美国育儿专家伊丽莎白·潘特丽针对不同年龄段孩子的特点所设计的《孩子学做家务事年龄表》，她指出，做家务是孩子建立自信的一种方式，并且能帮助他们培养良好的生活习惯。

9至24个月：给孩子一些简单易行的指示，如让孩子自己把脏的尿布扔到垃圾箱里等。

2至3岁：当家长请求帮助时帮忙拿取东西，如帮妈妈把衣服挂上衣架；使用马桶、刷牙、浇花、晚上睡前整理自己的玩具等。

3至4岁：喂宠物，拿报纸，睡前帮妈妈铺床，把碗盘放到水池里，帮妈妈把叠好的干净衣服放回衣柜。

4至5岁：学会准备餐桌，准备自己第二天要穿的衣服。

5至6岁：准备第二天去幼儿园要用的书包和要穿的鞋子，学会收拾房间。

7至12岁：学会做简单的饭，帮忙洗车擦地，清理洗手间，扫地，会用洗衣机。

13岁以上：学会换灯泡，清理冰箱，修建草坪等繁杂的家务。

另外，很多父母也可能认为让孩子做家务会"耽误学习"，这是把学习和生活割裂开了。事实上孩子在做家务的过程中形成的责任感、培养的责任心，会推动学习的进步。

# 57

## 孩子能做的，一定要让孩子做

小花是个可爱、无忧无虑的女孩。她总是没心没肺，仿佛世间没有事情能让她忧伤一样。

夏天的一个傍晚，晚饭之后，几户人家在一起遛弯、乘凉。王大妈看着小花就打趣说："花花啊，没事整天那么开心哪。"小花笑了，说："有那么多烦心的事情吗？"

大妈说："不好好上学，考不上高中怎么办？"小花爽快地说："没事，我爸妈比我还操心这事呢。反正用不着我操心。"

大妈又问："考不上大学怎么办？"小花说："考不上就考不上呗。我爸妈比我还着急呢。他们会替我想办法的。"

大妈又接着问："花花，说归这么说，现在就业这么困难，假如你顺利考上高中，也考上大学，顺利毕业了。将来工作也是个问题啊。"

小花摇摇头说："这个还真没考虑过。可我爸认识的人那么多，我妈能力那么强，这个将来不成问题吧。"

身边的小花的爸爸妈妈笑了，笑容里却透着无奈。

##  孩子的心里话

今天大妈问的问题真是奇怪。升学、就业，这些都是多少年以后的问题，现在着急有什么用？

现在，平时我的衣食住行，都是父母一手为我打理的，我自己哪里操过一点心？我能做的只是接受罢了。再说了，无论碰到什么难题，身边只要有爸爸妈妈，我有什么可担心的呢？他们平时为我操心那么多，我想到的想不到的他们都能为我想到。何况他们能力那么强，从小在我遇到困难时，他们总是有的是办法。

至于我自己的前途嘛，爸爸妈妈早就为我做好打算了。将来，他们让我做什么我就做什么，我只要按照他们为我铺平的道路往前走，努力就是了。

## 父母应该怎么办

我们常常会在学校门口看到这样一幕：白发苍苍的奶奶一手帮孩子提着沉重的书包，一手拿着早餐，急急忙忙地跟在快要迟到的孩子后面叫着："再吃两口吧！"或是孩子哭吵着对送他上学的妈妈说："都是你不好，老师说今天要我们带小熊来，你怎么给忘了！"也常听父母抱怨，现在的孩子为何老是丢三落四的？上学时，不是忘记带书本就是忘记带文具。

其实，孩子不是天生懒惰的，勤劳习惯的培养要从小就开始，让孩子知道该自己做的事情，父母不能代劳。

然而，现在许多父母包办了孩子的一切，父母和孩子基本达成这样的共识：孩子只负责学习，其他一切都由父母包办。如果孩子想帮大人干点什么，大人便会说："把你的学习抓好，学习好了比什么都强。"久而久之，孩子就会成为自己事情的局外人，因为所有的事情都有人为他料理，他根本不用动手，也无须动手。

有资料显示，在家庭生活中62%的父母包揽了许多本应该孩子去想、去做、去负责的事情，59%的孩子不愿主动为父母承担力所能及的家务活，更有73%的孩子根本不了解什么是家庭责任感。列夫·托尔斯泰说过："一个人要是没有热情，他将一事无成，而热情的基点正是责任感。"因此，培养孩子的责任感意义重大。

### 1.导致孩子责任感缺失的原因

（1）社会原因

责任意识无论从生成到发展都与社会息息相关，因而孩子责任意识的淡薄，社会的原因是不容忽视的。一些社会的不良思想观念导致越来越多的孩子过分注重自我，社会功利思想又使社会对孩子的要求功利倾向严重，因而进一步加剧了他们自我认识的异化，使他们难以正确地认识自身的责任。

（2）学校教育原因

中国的学校教育在实践中存在着唯智化的倾向，这种教育观念造成了教育实践中对责任教育的漠视，也造成了孩子对自我的认识出现偏差。对于小学生，哪怕是高年级的学生，也很难与自身的生活实践联系在一起，无法获得责任意识生成所必需的情感体验。因而，很多学生对责任教育常常产生敬而远之的心理。

（3）个人原因

孩子的身心处于发展和逐渐成熟的阶段，在一定程度上限制了其活动的范围和复杂程度。他们的活动场所以家庭、学校为主，活动的类型和性质比较单一，因而认识责任、承担责任的机会相对较少。从心理发展的角度看，此年龄段的孩子心理发展的水平仍比较滞后，自我意识发展水平的低下，使得孩子难以认清自己所扮演的社会角色，难以准确认知社会的行为规范和价值标准。

（4）家庭原因

当前我国的家庭模式使得独生子女的比重逐渐增加，更多的父母对孩子采取溺爱的方式进行抚育。孩子从小养尊处优，在这种家庭环境中长大的孩子自我意识强，但自理能力弱，处处以自我为中心；对周围的人和事表现出漠不关心，缺乏基本的责任感。

父母对孩子照顾得越周到，孩子越没有责任心，越不知道怎样料理自己的事情。有个上小学四年级的女孩子，每天早晨，妈妈几次催她起床，她总哼哼叽叽："再睡一会儿。"如果真迟到了，她又会抱怨父母不把她拽起来，害得她被老师批评。父亲决心换个办法，他告诉女儿："上学是你自己的事情。从明天开始，该几点起床你调好闹钟。如果闹钟响了你还赖被窝，你就赖吧，一切责任自负！"父亲心中有数：孩子跟父母撒娇，在老师、同学那里还是很在意自己形象的，岂敢总迟到。果然，第二天早上闹钟一响，女儿腾地跳下床来。从那时起，女儿早晨起床再也不用催了。

由此可以看出，孩子的潜力很大，可以做很多事情，只是因父母的溺爱剥夺了他们自立的能力。孩子是一张白纸，父母应从点滴做起，鼓励孩子做力所能及的事情，提高他们的责任意识和动手能力，有利于孩子将来面对复杂的工作，在未来的生活中扮演好自己的角色。

### 2.培养孩子责任意识的方法

（1）要平等对待孩子

父母必须转变观念，要把孩子当作是与自己地位平等的人，而不能老把他当作什么事情都不懂的小孩子。家里的一些事情，无论是否与孩子直接有关，都可以让孩子发表一下意见，让孩子帮着出谋划策，对孩子提出的好建议好想法要积极采纳并加以表扬和鼓励；家里的家务活也要有一个明确的分工。每天爸爸应当做什么，妈妈应当做什么，孩子应当做什么都要事先规定好，当然孩子可以少承担一些，但决不能因为怕耽误孩子学习而父母大包大揽；父母还可以在孩子寒暑假期间让孩子当一段时间的家，这期间家里大大小小的事情，只要不会给家庭带来大的损失，都可以由孩子来做主，都可以由孩子来安排，孩子从自己当家长的经历中能够学到许多，也能够提高许多。

（2）要学会宽容孩子

父母在让孩子做事的时候，一定要沉得住气，一定要学会等待，一定要能够容忍孩子的不完美，决不能因为孩子床铺叠得不整齐、收拾书桌不够利落、袜子没有洗干净、清扫地面丢三落四而越俎代庖。要知道，孩子只有通过不断的实践体验才能逐渐提高自身的责任意识，这里最重要的是孩子做事的过程，是孩子通过做事所得到的对"责任"的一种宝贵心理体验，只有这样的心理体验多了，孩子的责任意识才能不断地得到强化和提高。如果父母过于看重结果，势必就会在孩子做得不够快不够好的时候，对孩子进行埋怨和责备，或者忍不住地去取而代之。这一方面会打击孩子的积极性，另一方面也会给孩子留下逃避责任的可乘之机。因为有的孩子一旦发现自己事情做得不够快不够好的时候父母会及时出手，他就会故意表现得能力不足，以此来逃避本来该做的家务。

（3）父母应当要求孩子勇于对自己的言行负责

不论孩子有什么样的过失，只要他具备承担责任的能力，就要让他去勇敢地面对，就不能让他逃避和推卸责任，更不能由大人越俎代庖。比如孩子损坏了别的孩子的玩具，父母就应要求孩子自己去帮人修理或照价赔偿；孩子一时冲动打伤了人家，父母就应要求孩子自己去登门道歉；孩子早晨磨磨蹭蹭上学要迟到了，父母也不用着急慌忙地送他，让孩子自己去面对老师的批评。

# 58

## 打醋买盐，让孩子学会不大手大脚

情景
再现

小靖刚上初中，是个活泼开朗的男孩。父母很宠爱他，他手头总有花不完的零用钱。平时，他总是向同学炫耀他新买的漂亮文具。校园周边那些提供好吃的、好玩的地方，没有一家不是他经常光顾的地方。夏天的时候，每天冰激凌、雪糕、饮料更是没有断过。

暑假到了，这天，他看到同学小旺脚上穿着一双阿迪达斯最新款的运动鞋，羡慕得很。回到家，他便向父母说："爸爸妈妈，我零用钱不够花了。"爸爸问："上周不是刚给你100块吗？这么快就用完了？"小靖说："那点钱哪够花啊。"妈妈奇怪地问道："那说一说，这个礼拜的100块钱零用钱都买什么了？"

小靖掰着手指头算道："一天一包巧克力或者花生豆，一瓶小洋人果味牛奶或者茉莉花茶，上次还和同学去游戏厅打游戏了，昨天去滑了旱冰。对了，小旺今天穿了一双阿迪最新款的黑白相间的运动鞋，花了800多块钱，看起来好酷！我也想要！"

妈妈说："我和你爸爸都属于工薪阶层，平时家里开销也很大，所以咱们得综合考虑，看这双鞋该不该买。要不，这个月你来当家，妈妈把一个月的生活费给你，但家里柴米油盐的开销都由你来负责。月末时，如果有剩下的钱，就归你，怎么样？"小靖接过妈妈给的2000块钱，开心地答应了。

月末时，小靖算了一笔账，家里买菜、肉、油、米、面、水电气费、网费等零碎开支统统算在内，才结余了70多块钱。小靖知道了家里用钱的难处，再也不敢提买运动鞋的事情了。

 **孩子的心里话**

偶尔和妈妈去菜市场买菜，看到标价才几块钱，感觉还挺便宜的，真不知道日积月累，这小小的菜钱也能积少成多。一个月下来，得上千块钱。不当家，不知道柴米油盐有多贵啊。

看来挣钱养家真的不容易啊。上次付水电气费，差点就不够了。"一分钱难倒英雄汉"啊。到紧要关头，真的一分钱得掰两半花了。

以后，我再也不乱花钱了。爸爸妈妈给的零用钱要攒起来，补贴家用。每天的饮料和零食钱也可以省下来，日积月累，一年下来就能攒不少，就能买更好更有用的东西。

**父母应该怎么办**

我国有句老话：成由勤俭败由奢。成功由勤劳节俭开始，失败因奢侈浪费所致，即使到了很富裕、很有钱的时候，这个朴素的真理也不会过时。节俭是一个人的重要品质，很难想象，一个从小大手大脚随便浪费的人能创造一番事业，建设好家庭。

因此，让孩子知道好日子来之不易、培养孩子节俭的品质，已成为越来越多的父母努力的方向。许多"以俭养德"的事例告诉人们：要把孩子培养成有志向、有追求、有出息的人，勤俭节约、艰苦朴素的教育是不可或缺的，这是父母能够给孩子的永久财富。

习惯的养成在于不断地积累，那么教育孩子就必须从自己着手，从小事着手，以身作则，在家庭教育中注意以下几方面：

### 1.营造节俭的家庭生活氛围

在日常生活中，父母要以自己的节俭行为影响孩子，用自己艰苦朴素的作风感染孩子。如随手关灯节约用电，将洗衣服的水留下来冲厕所，爱惜家庭物品，小心存放不用的东西等。平时还可结合劳动教育，指导孩子进行力所能及的劳动和家务劳动。通过劳动实践和自我服务活动，使孩子体验劳动的辛苦，懂得劳动成果的来之不易。如农忙时节，让孩子去拾稻穗等，使他们真正理解"谁知盘中餐，粒粒皆辛苦"的深刻道理，从而培养孩子艰苦朴素、热爱劳动的好习惯。可以教育孩子搜集废旧物品，卖掉的钱可以存起来，捐助贫苦孩子。父母还要让孩子学会利用废旧物品，比如可利用易拉罐做个花篮，将旧凉鞋剪成拖鞋。这样既可培养孩子节约的习惯，又是一种手工劳动练习。

### 2.帮助孩子理解节俭的价值

父母要用节俭的故事教育孩子，让孩子知道节俭是美德，也是生活的必需。父母要对孩子在不同年龄阶段的心理特点，心理发展水平进行充分的了解，结合孩子的知识和经验，从孩子的身边入手，在平易近人的谈话中摆事实、讲道理，引导孩子自我教育，提高孩子的道德水平，培养孩子勤俭节约的好习惯。如发现孩子有乱扔剩余的馒头、面包等浪费现象时，父母就要心平气和地跟他们谈话，让他们了解农民春耕秋收的辛勤劳动过程，使孩子改正浪费粮食的不良行为。也可讲讲身边贫困孩子的生活，通过生动的故事情节，剖析故事内涵，让孩子联系自己平时的行为进行对照，从而启迪孩子的道德认知，激发孩子的道德情感，在此基础上培养孩子不乱花钱，爱惜课业用品等勤俭节约的良好道德行为习惯。在教育过程中，父母要让孩子逐渐理解生活的艰难，理解人在生活中难免会遇到各种困难，而节俭则可以做到有备无患，帮助人渡过难关。

### 3.帮助孩子学会有计划地消费

要培养孩子理财意识。首先父母给孩子零花钱要有计划，要限制数额，不要有求必应，应根据孩子年龄大小、实际用途和支配能力，定时定量给予。低年级的孩子可以一个星期给一点零花钱，甚至不给，因为这个阶段的孩子没有消费意识，不知道如何利用手上的钱，高年级的孩子也不能经常给；其次，父母要问清每次钱都花在哪里，如果最近阶段钱的去处无法说明，父母应暂停"发放"，弄清楚钱的去处再考虑重新发放。小一些的孩子可以由父母对于每一笔钱的用处进行记录，大一些就可以指导孩子设计一本"零花钱记录本"，将自己的零花钱的去处一一进行记录，过几天查一次账。父母还可以根据记录的内容，和孩子讨论以后哪些地方是不需要花钱的，哪些是必须花的，这不失为一种好方法。

很多孩子每年都有大量的"压岁钱"，对于这笔钱的用途，父母各有方法。但是如果钱的数量过多还是放在父母那，留一部分给孩子，可以设立一个"学习基金"交学费，现在学杂费减免后开学的学费很少，可以让孩子动用"学习基金"，自己平时购买学习用品也可以从中支出。

### 4.注意克服孩子的攀比心理

曾有报载，多名初中学生，为了比阔、耍横，竟然从家里拿了百元大钞在校园内点燃，谁的钱最后烧完，谁就是最有钱的人。现实生活中，不少社会的负面影响以及父母的溺爱，让孩子丧失了自我控制的能力，占有欲望无限膨胀，只要自己喜欢，不加以思考就向父母要钱去买。一旦对某个贵重物品丧失兴趣，就会毫不思索地丢弃。这一可怕的现象，正普遍存在于孩子当中。比钱比物只能使孩子贪图安逸，失掉勤劳朴实的品质。因此，父母要教育孩子克服攀比心理，教孩子比学习、比劳动、比品德。

在德国，几乎每个小城镇甚至幼儿园，都会经常举办各种孩子旧货集市，并积极鼓励孩子们参加。小一点的孩子会在父母的陪同下，大一些的孩子就可以跟着兄弟姐妹或者朋友独自来参加。他们把自己不需要的玩具、图书、衣服甚至自行车、旱冰鞋等统统带来，或者摆在桌子上，或者找块毯子就地一铺，就开始了自己的叫卖生涯。至于价格，都是双方商议出来的。孩子可以根据自己的愿望来出价，买者可以还价，最后皆大欢喜。而一无所获的小朋友也不沮丧，因为对于他们而言，参与是最重要的，比什么都快乐。至于父母，往往会在这个时候从家里端着咖啡或者烘好的蛋糕、甜饼等，开个临时的咖啡屋，坐在一旁吃吃喝喝，很热闹。

国内现在也兴起了旧货和二手市场，但是让孩子直接参加的活动并不多见。其实，国内的独生子在没有兄弟姐妹的情况下，完全可以通过幼儿园、学校组织的公益活动，去学习节俭、关爱和独立自主。父母应该给孩子一个文明成长的环境，让孩子认识到，如果自己参加和响应了一种有意义的活动，这些活动就会使自己产生一种自豪和荣誉感。

# 端茶递水，从关心家人做起

小毛的妈妈非常疼爱小毛，平时犯了错误舍不得批评，更谈不上打骂，什么家务活都不让他做，给他买最时尚的衣服，用最好的文具，吃最好的食品，对他非常娇惯、纵容。

七八岁的小毛也逐渐出落成了一个俊俏的小"公子哥"，爱吃、爱玩、爱享受，就是不像别的男孩那么有担当，反而显得松松垮垮、吊儿郎当的。

这年春节，小毛随爸爸妈妈去外地爷爷家拜年。堂弟小林比小毛小3个月，很讨人喜欢，尤其对爷爷奶奶表现得非常孝顺。他平时有什么好吃的，都会先给爷爷奶奶。奶奶坐在茶几前看报纸，小林都会很体贴地倒好了茶水，递给奶奶，说："奶奶，给您喝茶。"奶奶笑眯眯地摸摸小林的头说："奶奶谢谢你啦，小林真乖。"坐在一旁独自看电视的小毛如坐针毡。不一会，他有了好主意。他跑去厨房，对正在切菜的爷爷说："爷爷，有什么需要我帮忙的吗？"爷爷想了想，给了他一些零钱说："小毛，去买半斤豆腐吧。"小毛很开心地去了。吃饭时，爷爷把小毛夸赞了一番，说今天的晚饭也有小毛的功劳。小毛听了心里别提有多自豪了。

从此，只要看到有长辈在，小毛都会主动端茶递水，在家里也养成了这样的习惯。每次来客人，都会夸小毛是个懂事的孩子。小毛的爸爸妈妈更加疼爱小毛了。

 **孩子的心里话**

平时都是爸爸妈妈为我做饭、盛饭、端饭，料理我的饮食起居，自己的生活都不用自己打理，自然不会想到主动去做家务，关心他人。

看到堂弟小林那么孝敬长辈，作为哥哥我看到了自己的不足。

那天第一次去帮爷爷做饭卖豆腐的事情让我体会到，做这些事一点都不难。这就是所谓的"万事开头难"吧。从那次开始，我就觉得，为别人主动做一些事，其实也是一件很满足、很享受的事呢。每次听到客人和长辈表扬我，我心里就美滋滋的。老师也说我进步很快，现在变成了一个有责任心、能主动关心别人的好孩子了。

**父母应该怎么办**

在日常生活中，也经常听到一些父母的抱怨："我家的孩子太气人了，好吃的东西自己霸占着，爷爷奶奶都不敢动筷子。""我伺候孩子吃喝拉撒，问寒问暖，唯恐照顾不周。可是我生病的时候，这孩子不但不关心，甚至连杯开水都不给倒。你说，现在的孩子怎么这样啊？"

其实，从某些方面来说，孩子之所以没有责任感与父母日常生活中的教育有很大关系。现在的孩子绝大多数都是独生子女，父母的关心和溺爱，让孩子形成了以自我为中心的自私心理。他们对身边周围的事情漠不关心，冷眼旁观。在他们看来，父母对家庭、自己所做的一切都是理所当然的，自然不会体谅父母的辛苦和难处，也不懂得理解父母的感受，更无法体会他人的痛苦。

由此可见，父母不但不应过分地溺爱孩子，还应有意识地培养孩子的责任心。通过无数的生活事例，人们可以看到那些关心别人、懂事有礼貌，又有很强组织能力的孩子，往往都具有很强的责任感。

责任感是指一个人对他所承担的任务的自觉态度，包括对自己、对他人、对集体和对社会的责任。它可以促使一个人努力地完善自我，自觉奋发上进，是一个人所必备的成功素质中最重要的组成部分。

责任感是孩子做人、成人的基础，也是促使他们能力发展的内部动力，更是他们获得成功的催化剂。有责任感的孩子往往具有自觉、自爱、自立、自强的优秀品质，这也正是他们以后走向成功和幸福人生的必备条件。而一个从小缺乏责任感的孩子，长大后可能会无缘于成功，也会与幸福擦肩而过。

培养孩子的责任心并不是一件简单的事情。它需要在一定的情景中，依靠自身相应的能力和情感，从某些事情或活动中有所感受。因而，在生活中，父母要多提供给孩子一些承担责任的机会，让孩子在实践的过程中培养责任心。

### 1.好东西大家分享

当孩子诚心诚意请父母分享自己东西的时候，作为父母，要学会坦然地与孩子分享，成为与孩子分享的伙伴。不要推辞和拒绝与孩子分享，如若拒绝，久而久之，孩子就会变得没有了谦让和与人分享之意了，所以要在家庭中建立好东西大家分享的氛围。在孩子很小的时候，父母就要做出榜样。吃饭时主动给长辈夹菜，遇到高兴的事讲出来全家一起分享快乐；鼓励孩子把好吃的、新玩具拿给小伙伴一起吃、一起玩等等。有了这样充满爱心和亲情的环境，孩子就能从最初的行为模仿到一点点强化，最终塑造一颗仁爱、谦让的心。

### 2.用语言交流熏陶

父母及家庭成员之间可以经常说"谢谢你为我做的事"、"您辛苦了，歇一会儿吧"、"不要着急，我来帮你"等表示感谢的话。教育孩子尊重他人和孝敬长辈，过生日、过年节彼此送个小礼物等。带孩子买玩具或衣物时，要和孩子商量："咱们给爸爸（妈妈）也买一件，给他（她）个惊喜。"所有这些情感的沟通和行为的榜样，是孩子的爱心得以生根发芽的催化剂。

### 3.让孩子了解一些生活的真实情况

作为父母，总是担心孩子吃苦受罪，担心孩子遭受挫折。中国某些父母认为，尽管自己面临着许多生活的曲折和坎坷，尽管有许多的不快乐和情绪不稳定，但总是竭力在孩子面前保持平稳，好像生活没有风，也没有雨，总是一片艳阳天。这样会有许多副作用。在美国，一般来说，父母不会刻意地去掩盖生活的另一面，常常会让孩子从小学会自己分担生活的不容易。让孩子了解、理解一下生活的不易，会促使他们懂得珍惜现在的生活，学会关心别人。

### 4.家中的事一起分担

不要把孩子当成家中的特殊人物，不让孩子养成衣来伸手、饭来张口的坏习惯。要循序渐进地教孩子做些力所能及的事，比如擦桌子、摆放碗筷、择菜、洗袜子等。在孩子稍大些时，还可以让他分担相对重要的家务，既让他获得成功的价值感，又使他从小养成勤劳的好习惯，并从中体会到父母为家庭付出的辛劳和养育之情，对亲人的领情和感恩之心由此扎根。

### 5.多采用生动多样的形式，培养孩子关心他人的情感

有一首孩子歌曲《我的好妈妈》，唱来亲切感人，大多数孩子都会唱。但重要的是，要让孩子按歌中所说的去做。当他起初只是用单纯的模仿来关心人的时候，父母要及时加以肯定和表扬，使他逐步理解这样做会给人带来快乐，是正确的。同时，还可以多讲一些这方面的故事，多教一些儿歌。经过长期有意识的熏陶，使他建立了初步的道德意识和道德情感，不仅在家里会想到长辈，在幼儿园也会关心小伙伴。

### 6.当孩子的自私行为萌芽时，不要因为孩子小而有所忽略

有个例子很值得深思，某幼儿园在六一孩子节那天，发动小朋友为集体献玩具，主要是培养孩子从小爱集体的观念。然而愿意把自己最喜爱的玩具献出来的为数不多，有部分孩子带来的是破旧的玩具，还有极少数不愿意而哭鼻子的。类似这种事情生活中经常发生，虽然有时是父母的影响，但也有的父母发现孩子的自私行为认为是小事，没有得到应有的重视，那么日积月累，坏习惯一旦形成就难以纠正了。

# 学会感恩，父母也要学会说"谢谢"

情景
再现

　　小宝是家里三代单传的独生子，父母和爷爷奶奶非常宠爱他。早上都是妈妈做好了早餐，倒好了漱口水，把牙膏挤在牙刷上，叫他起床叫了很多遍，他才懒洋洋地从床上爬起来。每天临睡前，书包都是妈妈根据第二天要用的课本帮他整理好，洗脚水都是妈妈帮他打的。

　　小宝仿佛习惯了衣来伸手、饭来张口的生活，认为这一切都是应该的。甚至一不顺心就发脾气、摔东西，而爸爸妈妈总是迁就着他。

　　有一次，小宝到远房表妹珊珊家做客。珊珊的妈妈热情地招呼小宝，为大家洗好了水果，端了上来。小宝满不在乎地顺手抓起一个苹果就自顾自地大吃大嚼了起来。珊珊对妈妈说："谢谢！"珊珊的妈妈笑着说："不客气！"看电视时，珊珊剥了一根香蕉递给了妈妈，说："妈妈，给您吃香蕉。"珊珊的妈妈接了过来，说："谢谢了，珊珊真乖。"珊珊也剥了一根香蕉给小宝，说："小宝哥，吃香蕉吧。"小宝一脸羞愧，觉得浑身不自在，但还是非常别扭地小声说了声："谢谢！"

　　回到家，晚上，妈妈为写作业的小宝照例递来了热乎乎、香喷喷的牛奶，说："来，乖，喝牛奶啦。"小宝一反常态地对妈妈说："谢谢你，妈妈。"妈妈愣了一下，灿烂地笑了，说："不用谢，咱们的小宝真乖。"

**孩子的心里话**

爸爸妈妈平日里给我做这些事，我都习惯了。这些不是父母对孩子应该做的吗？对这些事，没觉得有必要说"谢谢"。

再说，我也没看到爸爸妈妈和爷爷奶奶他们相互之间说"谢谢"、"请"、"对不起"之类的礼貌用语啊。

在我看来，那些客套话都是给外人说的。要真的和家人说，岂不是显得生分了？还觉得怪别扭的。

**父母应该怎么办**

有些孩子对人很热情，关心他人，有些孩子却对人很冷淡，只关心自己，这是天生的差别吗？不，这是其所处环境和所受教育不同的结果。

孩子期是形成良好情感的重要时期。作为打根基的孩子教育，开展感恩教育不仅有利于孩子身心健康，而且有利于建立和谐的人际关系。对孩子进行感恩教育能培养孩子与人为善、助人为乐的品德。孩子的一句"谢谢"，一个认真的眼神，都会让父母心里感到很温暖，让父母觉得一切付出都是值得的。往往对于孩子的一声"谢谢"，父母会在心里珍藏许久。"谢谢"这个词，虽然简单，虽然好记，但却是一个人的人生成长过程中很重要的一环。孩子学会了说谢谢，这对他的成长发育以及待人接物都会有着极重要的作用。

所以，让孩子也学会说"谢谢"吧，当然有一点，这个谢谢，不是机械的一个词，而是发自内心的一个感恩的语言。

那么，怎样鼓励孩子说出心中的感谢呢？不妨试试下面的办法：

**1.言传身教，榜样大于说教**

对于一个孩子来说，说教是起不了什么作用的，重要的是父母的言行对孩子的影响作用。孩子很乐于模仿，父母的言行对孩子的影响很大。父母应该是一个懂得感恩的人，父母要通过自己的言传身教去教育感染孩子。例如，当孩子为你捡起掉在地上的笔，或给你端来一杯水，你一句"谢谢你"会让孩子深深感动，并让孩子知道恩情和回报。通过父母不断地言传身教，让孩子真正懂得感恩。

### 2. 积极的暗语

孩子毕竟是孩子，如果遇到暂时忘了说谢谢的时候，不要直截了当说："怎么没说谢谢呢，怎么不乖了呢？"这样直白的效果收获甚微，最好的办法就是和孩子事先约定好一个暗示，比如用一个眼神，或者一个鬼脸来提醒孩子。

### 3. 多给孩子讲一些感恩故事

收集一些与感恩有关的传统故事，如《羊羔跪乳》、《乌鸦反哺》、《陈毅探母》、《吃水不忘挖井人》等，使孩子在故事中受到熏陶，从小故事里教育孩子懂得感恩，使感恩升华为思想教育，告诉孩子为什么要感恩，应该如何去感恩。通过正面的影响让孩子懂得如何去做，如何感恩。

### 4. 加强社会实践

让孩子经常注意和体会社会上还有一些没房屋住的家庭，父母丧失劳动力的，或是那些本身残疾的，还有在街上乞讨的人们的生活状况。在看过他们艰辛的生活以后，对自己舒适的生活又会是另一种体会吧。社会实践可以让孩子从中体会到父母的艰辛，感恩之心自然会循序渐进地得到培养。

### 5.以节日为载体，进行感恩教育

利用各种节日的机会教会孩子学会感恩，如春节时要教孩子热情接受爷爷、奶奶及其他亲属送给他的礼物，并表示感谢，不管钱物多少，回到家里都要求孩子妥善保管，学会珍惜别人的情意。教师节，让孩子亲手制作贺卡送给老师，表达对老师的美好祝愿；父亲节和母亲节，给爸爸妈妈说几句感谢的话语，不一定感谢爸爸妈妈给他们帮了多大的忙，而只需表达生活中感觉很幸福的一点一滴。

### 6.父母要学会偶尔"示弱"

要多给孩子机会，让孩子为父母做些事。比如下班回家累了，让孩子帮忙拿拖鞋；假装不舒服，请孩子倒杯水给父母喝，等等。让孩子学会给予，懂得父母和别人的给予与帮助是一种恩惠，而不是理所当然或者欠他的。

### 7.养成写感谢便条的习惯

当今社会，经常被忽视的社交礼仪之一是写感谢便条。要让孩子从小就学会当他在收到一份礼物或其他东西，或在别人家里做客的时候，写一个适当的感谢便条是很重要的。要让孩子从小就懂得感恩，从小就养成写感谢便条的习惯。

在孩子收到礼物不久之后，和孩子一起坐下来，教孩子写一封感谢信。如果父母没有马上监督孩子的话，可能过一会儿孩子就会把这件事跑到脑后去了。给孩子一张纸、一支钢笔或一支蜡笔之后，引导孩子及时给送礼物的人写张感谢便条。

想要让孩子在生活和做事中展示出自己良好的修养和懂礼貌，并不是那么容易的。有礼貌会让孩子得到更多的友谊、更和睦的家庭关系和更能够适应当今社会的能力。没有哪个孩子一出生就懂得礼貌。一个懂礼貌的孩子是要通过后天的慢慢学习才能培养出来的。

对于上述小策略，父母或许会说，说来容易，做到就太难了。是啊，正因为如此，所以才说：教育孩子就是修炼自己！改变自己然后再影响孩子改变，最终实现孩子的健康快乐成长，获得家庭的幸福和睦！